迷惑かけてありがとう

終活から集活へ

星野 哲
Hoshino Satoshi

春秋社

はじめに

「迷惑かけて　ありがとう」。昭和の時代、プロボクサーからコメディアンになって人気を集めた、たこ八郎さんの言葉です。私はこれこそ、終活の極意だと思っています。

周りに迷惑かけない人なんていません。むしろ迷惑をかける相手がいること、手間や面倒を迷惑と感じない関係性の方が大事です。この本で一番伝えたいのは、そのことです。

家族や親しい方を亡くされた経験をお持ちでしょうか。経験されたことがあれば、死別の辛さはもとより、死別後のさまざまな手続きが大変だったはずです。どんなことをしなければならなかったでしょう？

葬儀社の手配と葬儀の準備、親類や故人の友人など誰に連絡するかの選択、火葬・納骨、故人の身の回りの品の整理・処分、遺産の分割協議、故人が結んでいた様々な契約——たとえば電気・ガス・水道といったライフライン、賃貸住宅、ネットフリックスのようなサブスクリプション、生命保険など——の解約手続きといったことです。限られた時間の中で実に多くのことに向き合ったはずです。怒涛のような時間ではなかったでしょうか。

そんな経験があるからでしょうか、遺された家族や友人らに「迷惑をかけたくない」と、終活される方が少なくありません。具体的には、たとえば自分の葬儀やお墓、遺影の準備を自らしておく。あるいは断捨離で身の回りの品を少なくする。「その時」に備えて連絡先リストを作ったり、パソコンのパスワードなどを残したりする。エンディングノートで必要と思われることを指示しておく……。中には、自身の葬儀で流す音楽や直来(なおらい)での食事内容、式次第など内容まで事細かく指示されて逝かれる方もいらっしゃいます。

それは確かに素晴らしいことです。でも、遺された人たちが故人の思い出を語りあい、共有しながら葬儀の準備をすることもまた大切な時間ではないでしょうか。死後事務も故人との別れを徐々に受け入れていくための時間になっていることがあるかもしれません。共に生きた時間を振り返り、感謝したりつながりを再認識したりするためのきっかけになるかもしれません。そう考えると、すべてを準備しておくことが一概に遺された人たちのためになるとは言い切れないと思うのです。そもそも親が亡くなった後のことは面倒で手間だったかもしれませんが、「迷惑」と感じたでしょうか?

それに実際、どれだけの方が終活を「やり遂げて」いるでしょうか。やはり死を前提に行動することが辛いからとやめてしまうこともあるでしょう。エンディングノートを書き始めたのはいいけれど、ここまでやればいいという範囲が決まっているわけではないので、どこまで手をかければいいのか途方に暮れてしまう。それで「面倒だからあとで」と先延ばしにすることがあるかもしれません。誰かが「これが三回目の終活」などと冗談めかしていえば、「実は私もどこから手を付けたらよいかわからなくて中途半端なまま。もう一度取り組んでみようかな」と心丈夫に感じる人もいるはずです。

結果的にそれで何もしていなかったという事態だけはぜひ避けたいものです。いくら「縁起でもない」からと避けていても、いつかは必ず、誰もが「万一」の時を迎えます。なにもすべてを準備万端にする必要はなくとも、やはりある程度、終活しておくことは必要だと思うのです。

では、ある程度とはどんなことでしょうか?

もしも、終活で絶対にやっておかなければならないことは、突き詰めると二つだけだと申し上げたらどうでしょう。疑問に感じるかもしれませんが、本当に二つだけだと思うのです。さらに突き詰めていくと、結局は本当にするべき終活は一つだけになるのではないかとさえ思っています。

ひとつ目は、最期まで自分らしく生きるために、人生の最後の過ごし方、つまり身体が不自由になったときに、どこでどんな介護や医療を受けて過ごしたいかを考え、家族や友人ら周囲の人たちとその考えを共有しておくことです。本文できちんと説明しますが、その共有するプロセスを国は「人生会議（ACP）」という言い方で広めようとしています。もう一つは、遺言を作成するなどして最後に残る財産の行方をはっきりとさせておくことです。どちらも他人に任せ切ることができない、自分で考えて行動する必要があることです。

お墓や葬儀、様々な死後の手続きなどは自身が亡くなった後のことですから極端な話、なにも準備していなかったとしても自身が困ることはありません。よほど複雑な家庭事情などがない限り、残された家族ら、あるいは友人、時には行政がなんとかしてくれるはずです。遺体や遺骨が道端に捨てられる、などということはまず起きないことですよね。でも、介護や医療のことは自分自身が生きている間に体験することです。痛い思いや、本当は望んでもいなかったことを経験するかもしれません。まさにわが身に降りかかってくるのです。だから人生会議は重要なのです。

遺言を作成しておかなければ、遺産をめぐって家族同士が争う「争続」が起きる危険があります。「自分には大した財産がないからそんな心配はない」という人こそが、実は最も危ないことは、実際に裁判で争われている事件を統計的にみても明らかです。住んでいる家が一番の財産という場合にこそ、争いは起きやすく、それこそ亡くなってから「迷惑をかける」ことになりかねません。相続人がいないから争いの心配がないよという方は、黙っていれば財産は国のモノです。

「さっき、突き詰めると終活に必要なのは一つだけといったが、どちらのことだ?」と思われるかもしれません。でも、どちらでもなくて、この二つに共通していることこそがもっとも大切です。すなわち、「つながり・関係性」を意識し、その関係性を太く、強くしていくことです。迷惑をかけないのではなく、面倒や手間を迷惑とは感じない関係性を生前につむいでおくことが大切だと思っています。それを私は「集活」といっています。

集活とは「集める活動」ですから、一つには終活に関わるさまざまな情報を集めることを指しますが、肝心なのは「集う活動」、つまり集まって話をする、縁をつむぐ、つながりを求める活動です。要はコミュニケーションです。自分で死後のことまで準備万端にしたいと思ったら、家族や友人らと「終活しようと思うんだけど、どう思う?」と話す機会を持ってほしいのです。家族らの意見も聴いてほしいのです。逆に、もしも「死んだ後のことなんて遺族に任せておけばいい。終活なんて不要だから何もしない」とお考えでしたら、それは素敵な信頼関係だとは思います。でも、その旨をきちんと伝えておくことが大切です。それだけ信頼しているんだよ、と。「終活を意識したら集活を」。駄洒落ですが、これこそが終活のポイントだと考えます。

先ほど述べたように、終活はともすると「迷惑をかけたくない」あまり、すべてを「自分で」となりがちです。でも、死後に自分で棺に入ったり、役所に出向いてさまざまな手続きをしたりはできません。最後は必ず「誰か」を頼らねばなりません。他者と生きるとは、多かれ少なかれお互いに「迷惑」をかけあうことです。詰まるところ「迷惑をかけない＝孤立」以外の何物でもありません。迷惑をかけあえる関係性や、面倒・手間を迷惑とは感じない関係性を結ぶこと。最期に「ありがとう」といえる相手のいること。「あとは任せた。よろしく頼む」といえる相手がいること。それこそが豊かな人生であり、幸せと呼ぶのではないでしょうか。

それは同時に、自分自身を含め、どんなに大切な相手であっても誰もが必ずいつか死を迎えるという事実に向き合うことでもあります。この気づきは社会をも豊かにすると考えます。死に向き合う他者の痛みや哀しみに気づき、寄り添える関係性が張り巡らされるのですから。グリーフ（喪失に伴う悲嘆）へのケアが当たり前の「共感・共苦の社会」です。社会福祉分野で最近よく使われる言葉でいえば「コンパッション」社会です。地縁や血縁といったコミュニティーがやせ細り、ともすれば孤独や孤立に陥りがちな現代社会に求められていることではないでしょうか。私は、この気づきから得られるであろう「利他」の行いこそ、孤立や分断の進むいまの社会に不可欠なものだと考えています。同時にそれこそが実は自分自身の幸せにもなるのだ、と思っています。

たこ八郎さんはボクシングの後遺症で失禁や記憶障害があり、周りに「迷惑」をかけたかもしれません。それでも多くの人に愛されました。葬儀では赤塚不二夫さんやタモリさんら友人たちが三本締めで見送ったそうです。いまも東京・谷中の法昌寺には赤塚さんらが発起人となって建てた「たこ八郎地蔵」があり、胴体部分には「めいわくかけてありがとう。」と刻まれています。

終活は決して死だけに目を向けるものではありません。むしろ、死を前提に「残り時間」を意識することが肝心であり、自分が生きてきた歩みを振り返りながら、これからどう生きていくか、他者とどう暮らしていくかを考えて行動する機会です。更には、自分のためにも、遺される人たちのためにも、社会をより安心して過ごせる場にするにはどうするかを語り、行動することでもあります。どうせなら最期まで心豊かに、幸せに生きたいものです。

この本を、幸せとは、他者とつながることの意義とは、といったことを考えるきっかけにしていただければと思います。終活に臨むご本人だけでなく、親の「これから」を思うご家族、自身の老後をボンヤリと考え始めた皆さんにも役立つのではないでしょうか。

迷惑かけてありがとう——終活から集活へ

目次

迷惑かけてありがとう——終活から集活へ

第一章　つながりを考える

(1) 幸せって何？

終活はよりよく生きるための活動

幸せって何でしょう？　どうすれば幸せになれるのでしょう？

終活の本なのにいきなりどういうことか、と思われるかもしれません。終活の一般的な定義は「人生の終末を迎えるにあたり、延命治療や介護、葬儀、相続などについての希望をまとめ、準備を整えること」（デジタル大辞泉）でしょうが、「人生の終焉を考えることを通じて、自分を見つめ、今をより良く自分らしく生きる活動」（終活カウンセラー協会）というように「生きるために」する活動だというとらえ方もあります。私も同じように考えています。「はじめに」で少し触れたように、命尽きるその時まで幸せに暮らすにはどうするかを考える契機が終活だと思っています。だから本来、終活はなにも高齢者に限られているわけではなく、全ての人にとって大切だし、意義ある活動です。日蓮宗の開祖である日蓮も「先ず臨終の事を習うて後に他事を習うべし」と、死、いつ死ぬか分からない無常を意識したうえで生きることを説いています。というわけで、まずは「幸せ」から。

ウェル・ビーイング

幸せについて考えるうえで、いま日本だけでなく世界的に「well-being（ウェル・ビーイング）」という言葉が注目されています。世界保健機関（ＷＨＯ）憲章前文には「Health is a state of complete physical, mental and social well-being and not merely the absence of disease or infirmity（健康とは、病気ではないとか、弱っていないということではなく、肉体的にも、精神的にも、そして社会的にも、すべてが満たされた状態にあることをいいます）[1]」とウェル・ビーイングという言葉が用いられています。厚労省の文書にも「ウェル・ビーイングとは個人の権利や自己実現が保障され、身体的、精神的、社会的に良好な状態にあることを意味する概念[2]」とあります。要は身体的、精神的、社会的によい状態であることといった意味合いです。

「よい」という意味合いは人それぞれでしょうが、一般的にいって幸せとはウェル・ビーイングであることが前提ではないでしょうか。そして「よい」を考える場合、主観的なウェル・ビーイングと客観的なウェル・ビーイングの二種類があるとされています。感じ方は人それぞれで主観的になるでしょうが、衣食住もままならない状態で幸せと感じることはなかなか難しいはずです。賃金額や労働時間、疾病率といった客観的なデータをもとに社会的に人々のウェル・ビーイングを目指すこともできるわけです。日本でも二〇二三年六月に閣議決定された「経済財政運営と改革の基本方針二〇二三（骨太方針二〇二三）」の中でウェル・ビーイングを成長指標の一つにすることが明記されています[3]。ちなみに、いまＳＤＧｓ（Sustainable Development Goals：持続可能な開発目標）が世界的な目標とされていますが、これは二〇三〇年までに実現すべき目標です。その後はＳＷＧｓ（Sustainable Well-being Goals：みんなで持続可能なウェル・ビーイングの状態を目指す）が目標になるのではないかともいわれています。

一時的な幸せと長続きする幸せ

お釈迦様のように悟りを開いて「欲」がない状態の方は別でしょうが、まずは自分自身の健康で文化的な生活があってこその幸せであり、しかも一般的には自らが幸せになりたいと願わなければ始まりません。しかも、願ったり思ったりするだけではダメなこともほぼ間違いないでしょう。行動を伴う必要があります。

「おいしい料理を食べて幸せになりたい」と思ったとします。思うだけで一日中、ただ座って誰かが料理を出してくれるのをテーブルで待っているだけではお腹が減るだけです。そのままでは不満がたまり、周囲に当たり散らして周りの人たちを不愉快な気持ちにさせてしまい嫌われるでしょうし、極端にいえばいずれ病気になり死に至るかもしれません。おいしい料理が食べたければ、食材を買いに出かけて自分でつくる。誰かに「作ってください」とお願いする。あるいは、評判のお店の料理を食べに出かけなければなりません。いずれにせよ、食材や料理に払うお金を得るために働くという努力の過程が不可欠です。

いま食欲を例示しましたが、欲を満たす幸せとしてよく言われるのは「財産があること」でしょう。確かに、あるレベルまでは収入の増加に伴って幸福度は増しますが、一定のレベルを超えるとそうではなくなることが研究で明らかになっています（逆にいえば、一定程度の財産は幸福度を高めるために必要だといえるでしょう。客観的データを充実させる必要性があるわけです）。

そうした研究を踏まえて、幸福学研究の第一人者、慶應義塾大学大学院教授の前野隆司さんは「財」には「地位財」（所得や社会的地位など）と「非地位財」（健康、やりがい、自由、愛情など）があると指摘しています。[4] 言い換えれば、周囲との比較で満足を得るものとそうではないものです。そして、後者の幸せこそが長続きするといいます。これはギリシア哲学の「ヘドニア」と「ユーダイモニア」の考え方にも通じます。ヘドニアとは、感覚的快楽や心地の良さに伴う幸せのことであり一時的で長続きしません。ユーダイモニアは自己実現や生きがいを感じることで得られる幸せのことです。こちらは長続きする幸せです。

先ほどの「おいしい料理を食べたい」を満たすことは、まさに一時的なものです。食べている最中、あるいは食べ終わってからしばらくは幸せな気持ちになるでしょう。でも、どれくらいその幸せ感は続くでしょうか。下手をすれば数時間後にはもう次の食欲が全面に出て、満足感などすっかり忘れているかもしれません。もちろん、たとえ一時的にせよ幸せになることを否定するものではありません。先の例のように飢餓感から不機嫌になってしまえば自分が幸福でないばかりか周囲をも不幸に巻き込んでしまいます。多くの場合、私たちの幸せはこうした一時的な幸せが日々あることがベースでしょう。

とはいえ、やはり長続きする幸せは魅力的です。前野さんは長続きする幸せには四因子があると主張します[5]。一つ目が「自己実現と成長」の因子で、夢や目標ややりがいをもち、それらを実現しようと成長していくこと。二つ目が「つながりと感謝」の因子です。人を喜ばせること、愛情に満ちた関係、親切な行為などが幸せを呼ぶといいます。三つ目は「前向きと楽観」の因子。自己肯定感が高く、いつも楽しく笑顔でいられることです。四つ目が「独立とマイペース」の因子で、他人と比較せずに自分らしくやっていける人はそうでない人よりも幸福だといいます。

利他がもたらす幸せ

ご自分に当てはめて考えてみてください。いろいろなことが考えられるでしょう。たとえば、四つ目の因子でいえば、お金がわかりやすいと思います。それなりにお金があって幸せだと感じていても、お金持ちの暮らしぶりを見て「あの人と比べれば自分はお金を持っていない。お金があればあんなこともできるのに、できない自分は不幸だ」などと他人と比較してしまえば、いつまでも満たされることはないでしょう。得た財産を失う心配をして、心穏やかに過ごすことができなくなってしまうかもしれません。

本書の観点でいえば二つ目の因子の「つながりと感謝」が特に重要です。自分一人でおいしいものを食べても幸せな気分にはなれるでしょう。繰り返しますが、それは一時的です。でも、親しい人と一緒に食べれば、幸せな気持ちを分かち合えます。その時の楽しい気持ちは折に触れて思い返すことで幸せな気持ちになれるでしょうし、「あのときは楽しかったね」と会話を通してお互いに幸せを感じることもできます。一緒に楽しい時間を過ごしたことにより一層親しくなることで、幸せは続きます。

自分のために高級品を購入して満足することも幸せかもしれません。でも、誰かのためにたとえささやかなものでもプレゼントを購入し、その人が喜んでくれる様子を想像し、実際に喜ぶ姿を見ればやはり幸せな気持ちになるでしょう。そんな人がいてくれることへの感謝の気持ちは、幸せをより深めてくれるに違いありません。実際、科学的にも他者の喜びが自分の幸せにつながることがわかっています。他者に親切にしたり触れあったりすると「オキシトシン」というホルモンが脳の下垂体後葉で分泌されます。オキシトシンは「幸せホルモン」ともいわれ、分泌されると安らぎや心地よさを感じて自律神経が整い、幸せを感じられるのです。

いわば他者と共有できる幸せです。他者が喜んでくれる、幸せだと感じてくれることが自分の喜びや幸せならば、家族や友人ら周囲に幸せを感じてくれる人が増えれば増えるほど、自分もより幸せになっていくはずです。他者と比べたり競ったりする必要がなく、他者がいる限り失われることがない幸せです。つながりこそが喜びや幸せの源泉になります。だから自らが願うことが幸せの始まりには違いありませんが、それは自ずと他者を求める、他者とつながることが前提されていくと考えます。

これは「利他」という言葉で表せるのではないでしょうか。自分のためではなく他者のために何かをすること。それが幸せにつながる。仏教に「四無量心」という言葉がありま す。「慈・悲・喜・捨」という、私たちがもつべき四つの心のことです。他者に暖かく向き合い、他者の苦しみに共感してその苦しみを和らげようとする。他者の喜びや楽しむことを自らの喜びとし、誰にも平等に接するといった意味です。より詳しく言えば、「慈無量心」（他者への慈しみ）、「悲無量心」（他者の悲しみや苦しみを取り除く）、「喜無量心」（他者の喜びを自分の喜びとする）、「捨無量心」（他者のすべてを平等に見る）のことです。「なかなか難しいなあ」と私のような凡夫は感じてしまいますが、こうしたことができれば、それはまさに長続きする幸せを得ることではないでしょうか。

コンパッション社会

「コンパッション」という概念がいま社会福祉などの分野で注目されています。[6] 私なりにまとめれば、人間には本来、困っている他者に気づいて共感と行動が作動するという能力があるはずです。しかし、弱さをみせることが社会からの落伍とみなされてしまう社会構造・意識が広がってしまい、その能力が表に出にくくなっています。そうではなく、弱さは他者を必要とするからこそ、他者とつながる源泉、チカラとなり、生きやすさを作りだします。弱さをベースにした方が生きやすい社会ではないかという考え方です。共感し、実際に行動することで支えあうのです。

それは、人は一人では生きていけない、他者からのケアや支えがなければ生きられないという当たり前を当たり前として共有することに他なりません。どんな人でも必ずどこかに弱さがあるし、社会的にいえばマイノリティの部分があります。そのことを意識するだけでこの社会はどれほど生きやすくなることでしょう。

いまの社会は効率性や生産性ばかりが重視されているように思えてなりません。生産性などを尺度に「世の中の役に立つ、立たない」で人を判断、峻別しようとする考え方こそが優生思想につながります。国会議員が生産性という言葉で平然とＬＧＢＴの人たちを差別するなど言語道断ですし、津久井やまゆり園での大量殺人事件も根っこにはこうした思想があります。

どんなに健康で「優秀な」（ここでは皮肉で用いています。念のため）人でも、効率性や生産性などとは全く縁のない時期を必ず過ごします。わかりやすいのは、生まれたての赤ちゃんです。この世に生まれてから結構長い期間、すべての人が周囲からのケアなしでは生きることさえできません。とても儚く、弱い存在ですよね。育てる側にしても子育て中は予定通りに物事が進まないことはごく当たり前ですし、効率などとは無縁な日々となります。

もしも大人の側、育てる側が「この子は将来、私や世の中の役に立つ存在だからケアし育てる」といった考え方でいるとしたら、それこそ「障がいのある子どもは役に立たないから……」という優生学的な発想と表裏一体で違いはありません。おぞましいと感じます。「いのち」はあるだけで貴い、人は徹底した関係的存在である。そのことを赤ちゃんや子どもは存在自体が教えてくれていると思います。赤ちゃんや子どもは効率性や生産性などという言葉とは最も縁遠い存在なのです。当たり前ですが、認識しておきたいのは、だれもが赤ちゃんとしてこの世に生を受け、子ども時代を経て大人になっているということです。間違ってもいきなり「生産性ある大人」やら「役立つ存在」などとして生を受けてないません。

老いや病も大多数の人が経験する弱さです。そして、だれもが必ず死を迎えます。だれもが弱さをかかえている、もしくはかかえることが確実なのですから、そこから目を背けたり隠したりするのではなく、あるいは「専門職に任せればいいや」と全く無関心になるのではなく、自分の周囲の人たちの弱さや困難に自分のできる形で向き合い、手を差し伸べて共に生きる。逆に、自分の弱さをさらけ出して支えてもらう。ケア「する」側と「される」側に分けるのではなく、相互に双方向でケアしたり、されたりする関係性を築く。そんなつながりあい、支えあう社会やコミュニティーがコンパッション社会です。こうした社会を実現するためには、必要に応じて人々の「声」を集めて社会の仕組みや制度を変えていくことも視野に入ってくるでしょう。

たよってうれしい、たよられてうれしい

コンパッションという言葉こそ目新しいですが、これは先ほどの「四無量心」にも通じるのではないでしょうか。仏教の話題ついでに、全国約二〇〇〇のお寺が参加している「おてらおやつクラブ」という社会貢献活動があります。お寺へのお供えなどを「仏様からのおすそわけ」として貧困家庭の子どもたちに贈る活動で、そのキャッチフレーズは「たよってうれしい、たよられてうれしい」です。

困ったとき、他者に頼ることは恥ずかしいことでも、社会からの落伍などでも決してありません。人はだれもがいつ社会的弱者、弱さに苦しむ立場になるかわかりません。病気やケガ、災害、身内の不幸、離婚、失職など思いがけず他者・社会の助けが必要になることはありえます。繰り返しますが、だれもが、です。客観的にみて他者・社会に頼るべき状況なのに、頼ることをスティグマにしてしまう――たとえば生活保護バッシングなどはその最たるものでしょう――ことなどあってはならないと思います。また、頼られること(もちろん常識の範囲内で、ですが)は面倒や迷惑ではなく、本質的には利他に通じる、生きる喜びや幸せのはずです。「たよってうれしい、たよられてうれしい」というフレーズは、そんなことを気づかせてくれる、心にとどめておきたい言葉です。

終活にも他者との「つながり」が不可欠です。「どうして終活をするのですか?」と質問すると多くの方はこう答えます。「家族や周囲の人たちに迷惑をかけたくないから」と。

人が亡くなると、「はじめに」で述べたように、やるべきことが確かにたくさんあります。死亡届の提出、火葬、様々な契約の解除、遺産の相続、遺品の整理……。亡くなった本人はいくら自分で何とかしたいと思っても、当たり前ですが何もできません。墓から這い出てきて役所で手続きする人はいません(想像したらシュールですよね)。だから、遺された人の負担を軽くしたい。そんな思いが「迷惑をかけたくない」という言葉になるのでしょう。

準備しておくことで、遺族ら遺された人たちが助かるのは間違いありません。悲しみのなかで葬儀業者と段取りを決めるのは大変な負担ですし、時には後悔する選択にもつながります。亡くなったことを誰に知らせればいいのか、家族でも故人の交友範囲は意外とわからないものです。指針になるものがあれば、どれだけ助かることでしょう。

ですから、「こうしたことを準備しておけば助かるだろうな」という思いやりは大切です。美しい心遣いです。でも、あえて言います。死ねば自分では何もできないのですから、ある程度の「迷惑」(ここでは便宜的にこの言葉を用いておきます)をかけるのは当たり前ですし、迷惑かけてもいいではないでしょうか、と。

そもそも、全てを準備することなどできません。それに、必ず「誰か」が動いてくれなければ、せっかくの準備も絵に描いた餅でしかありません。「誰か」には必ず負担をかけます。だから、負担を迷惑だとは感じない関係性をつむいでおくことこそが大切だと私は思っています。面倒や手間を迷惑とは感じない関係性と言い換えてもいいでしょう。だから「終活を意識したら集活を」と主張するのです。

「はじめに」で触れましたが、「集活」とは人とのつながりを求め、人と会い、話をして縁を結ぶことを重視する活動という意味の造語です。ライフエンディングの観点からは「誰か」を明確にしておくことが大切です。それはなにも子どもなど家族だけに限りません。超高齢社会では親が九〇代で子どもも六〇、七〇の高齢者という状態が普通になりますから、子どもの方が病気を抱えていて……といったことも多くなるでしょう。だから、友人や医療・介護の専門職、ＮＰＯなどが「誰か」となる場合もあるでしょう。というか、そうした家族以外こそが大切な存在になる可能性があります。

介護保険制度が始まった頃に「介護はプロに、家族は愛を」という言葉が使われたことがありました。家族だからこそ冷静になれず、感情的になって関係性にひびが入ってしまうこともあります。だから第三者に関わってもらう――特に手間や労力が大変で他者、専門家に委ねられることならば遠慮せず頼る――ことは決して悪いことではありません。むしろ「家族なのだから」と無理を重ね、頑張ってしまうのは、できれば避けた方がいいとさえ思います。「介護に疲れた」ことが原因の介護殺人を引き合いに出すと少々極端でしょうが、無理と思われること、大きな負担と感じられることは第三者に委ね、家族は最期まで幸せに生きるためのつながり、精神的支えという考え方があってもよいのです。NPOの人や医療関係者との間に信頼関係が生まれ、その関係性が生前の人生を豊かにし、なおかつ「誰か」として老後から死後までを支えてもらえるならば、それはそれで素晴らしいことではないでしょうか。どんな関係性が「誰か」になるかの正解なんてありませんし、なにも一人である必要はないどころか、多ければ多いに越したことはありません。「誰か」の中でそれぞれに役割の違いがあることも当り前だと思います。

面倒や手間を迷惑と感じない関係性こそ

そもそも面倒や手間と、迷惑とは違います。家族のためとはいえ、料理をつくるのが時には面倒や手間だと感じることもあります。でも、迷惑だとは思いませんよね？　同じ行為でも、迷惑と感じるかどうかは人や状況によって異なります。たとえば、近所の子どもがピアノの練習をしているとしましょう。その子どもや家族と交流がある近所の人は上達ぶりを楽しんだり、心地よい音楽だと感じたりするかもしれません。一方、日ごろから交流していない、あるいは関係性があまりよくない人ならば、騒音ととらえ迷惑と感じるかもしれません。近所の保育園で遊ぶ子どもたちの声を「騒音」としてとらえるか、「楽しそう」ととらえるかも同じことです。関係性によって受け止めが異なります。

身内を亡くされた経験があれば思い返してみてください。葬儀などは面倒だったかもしれませんが、その手配や執行を迷惑だと感じたでしょうか？　親の交友関係は子どもにはわからないことが多くありますから、亡くなったことを知らせるべき相手は誰なのかがわからず年賀状をひっくり返すなど苦労したかもしれません。でも、それは迷惑だったでしょうか？　親の年賀状をみながら「こんな一面があったんだ」「こんな人と交流があったのか」と、親の新たな姿を発見する経験ととらえることができたかもしれません。「面倒だな」と感じたかもしれませんが、親子関係が良好であれば、少なくともその作業を迷惑だとは思わなかったのではないでしょうか。

迷惑とは関係性が許容する範囲を逸脱した面倒・負担をかけることによって、なんらかの利益を大きく損なってしまう状態を指す言葉だと思います。相手のことを思って終活するくらいの関係性であれば、迷惑と感じる範囲はごく限られるはずです。それに、そもそも人の死がすべて迷惑なのだとしたら、人生というか人という存在は随分と哀しいものだと感じてしまいます。自身が亡くなった後を託しても迷惑とは感じられることがない関係性だといえる「誰か」をはっきりと思い浮かべられるようにしておくこと。そのつながりの中で「あとは任せた。よろしく頼みます」「迷惑かけてありがとう」と最期を迎えられることこそが終活の肝です。それはつまり、豊かな人間関係の中で自分らしく最期まで生き切るということに他なりません。

余談めきますが、漫画家のカレー沢薫さんに『ひとりでしにたい』(講談社)という作品があります。第二四回文化庁メディア芸術祭マンガ部門優秀賞を受賞しました。主人公は独身の三〇代女性。人生のモデルとして憧れていた、大手企業で活躍していた一人暮らしの伯母がいわゆる「孤独死」をしたことに衝撃を受け、生き方の見直しを始めるという内容です。その一環で親の終活にも向き合います。この漫画の第四巻の裏表紙に記された言葉を見た時、我が意を得た思いがしました。それは、「終活とは幸せの追求」「終活と云うは絆と見つけたり」という言葉です。終活の極意とは集活なのです。

（2）関係的存在である「わたし」

縦の糸と横の糸

中島みゆきさんの代表曲の一つに「糸」があります。私はこの曲を「集活応援ソング」と解釈しています。特にサビでもある「縦の糸」と「横の糸」の部分です。歌詞は、会うべき糸に出会うことが幸せであり、二人の出会いによって生み出されるものが、いつか誰かを暖めたり、傷を癒したりするかもしれないという内容です。とてもステキな歌ですよね。

この歌詞の縦と横を逆にして「縦の糸はわたし　横の糸はあなた」と言い換えると、私の解釈はよりわかりやすくなります。私たちは関係性の中で生きています。「わたし」には多様な「顔」があると言い換えてもいいでしょう。関係性の数だけ顔があるのです。親としての顔、大学時代の友人たちと向き合うときの顔、同好の趣味の人たちと会うときの顔、ご近所さんにみせる顔……。いまを生きる人たちとの関係性、縁の全てが自分というものを形成しています。この同時代を生きる人々との関係が横の糸です。見つめれば、無数にある糸です。

縦の糸は、時間軸上での「いのち」のつらなりにおける自分という存在のことをいいます。人は誰にも必ず両親がいて、その両親にもまた両親がいてと、いわば「ご先祖様」からのつらなりの中に自分という存在があります（ちなみに、五代遡ると六二人の先祖が、一〇代遡ればなんと二〇四六人の先祖がいます。そのうち誰か一人でも欠ければ自分という存在はいないと思うと不思議ですよね……）。かつてこの世に生きていた人たちがつくりあげた末にあるこの世界で、仕事や政治参加、ボランティア、あるいはただそこに「いる」というだけで、何らかの役割を果たして世界を進行形でつくっている存在としても、縦の糸に位置づけられます。過去を糸の上として、未来を下の方に伸びているものだとすれば、生きている間、私たちは糸の下の方向に不断なく動いているのです。

自身の死後も、子どもがいれば次の時代、未来へと縦の糸が続くことはわかりやすいですが、たとえ子どもがいなくても未来へと糸は続いていきます。それはたとえば、家業や技術伝承といった形かもしれないし、仕事で残した何かかもしれません。横の糸の関係性の中で友人らに与えた何かがその人を通じて未来へ影響を与える可能性かもしれません。たとえばボランティアで子どもの学習支援をして、その子どもが将来、世の中の役に立つ発明をしてノーベル賞を受賞する、などということもあり得ない話ではありません。これは極端に過ぎますが、いずれにせよだれもが必ず何かの痕跡をこの世に残し、未来につなげていきます。

こうした、縦と横の糸が交わる結節点こそが「わたし」という存在です。特に、家族や友人のように自分と深い関係性のある人の存在は「太い横糸」。横の糸が細いものばかり、少なくなるのが無縁化や孤立の状態であり、だから集活が必要なのだ、という主張に続きます。要するに、人は関係性の中にしか生きられない、徹底した関係的存在であることを申し上げているにすぎません。コロナ禍で私たちは、そのことを痛感したのではないでしょうか。

外出自粛で人に会えない辛さ、孤独感。誰かとつながりたいという、焼けるような思い。物理的にも、自分が絶対に一人では生きられないことをコロナ禍では認識したはずです。食べ物を生産してくれる人たち、交通機関を維持してくれている人たち、ライフラインを維持してくれる人たち、医療・福祉をはじめごみ収集の人たちなど様々な分野のエッセンシャル・ワーカー……。無数の人たちの支えなしでは生きていけない自分という存在。「我思う、ゆえに我あり」ではなく「他者あり、ゆえに我あり」と感じたはずです。関係性の中に生きる自分というこの認識が、死というものにもまた関係性の視点をもたらすと考えます。

人生の中で、大切な人を失った体験を思い出してください。まるで、自身の一部が失われたような痛み、喪失感がなかったでしょうか。「ポッカリと空いた穴」とは言い得て妙だと思います。亡くなった大切な人との関係的存在として生きていた自分、その人に見せていた「顔」が失われる。太い横の糸が一本、切れてなくなる。つまり、縦と横の糸の結節点である自分の一部が失われたのであり、そこでの関係的存在である自分は〝死んだ〟と同義なのです。

死は体験できない

もちろん、無数の横の糸の中には意識していない関係性――たとえば、支えられてはいるけれど、直接は知らないエッセンシャル・ワーカーのような他者との関係性――がたくさんあります。そうした関係性は極めて細い糸であり、哲学者のV・ジャンケレヴィッチが唱えたことで有名な「人称の死」の分類に従えば「三人称の死」にあたります。

一人称の死とは、「一人称の死」が文字通り、自分の死を指します。「三人称の死」とは

「死一般、抽象的で無名の死、(中略)概念的にとらえられたものとしての自分自身の死[7]」のことです。自分には直接は関係のない、もしくは薄い関係の人たちの死であり、概念としての死といえるでしょう。

では「二人称の死」とは何でしょうか。「第三人称の無名性と第一人称の悲劇の主体性との間に、第二人称という、中間的でいわば特権的な場合がある。遠くて関心をそそらぬ他者の死と、そのままわれわれの存在である自分自身のとの間に、近親の死という親近さが存在する。たしかに〝あなた〟は第一の他のもの、直接に他である他、〝わたし〟との接点にあるわたしならざるもの、他者性の親近の限界を表象する。そこで、親しい存在の死は、ほとんどわれわれの死のようなもの、われわれの死とほとんど同じだけ胸を引き裂くものだ[8]」。家族や近しい友人などの死がこれにあたります。私たちは多くの場合、この二人称の死、「太い横糸」の消失をもって、死を身近に強く認識し、疑似体験的に自分自身の死を想起し想像するといえるでしょう。

そもそも死とは何かは、この世に死を体験した人が一人も存在しないわけですから「正解」などわからない永遠の謎ですが、一つだけいまの文脈、二人称と三人称に分類される死の観点から明らかなことを指摘しておきます。それは、一人称の死は自分では決して体験できない、自分の死は自分自身ではなく、他者によって初めて二人称や三人称の死として認識されるもの、つまり関係性の中にこそ「ある」という点です。

哲学者、池田晶子さんは明快に述べます。

「死が存在するときに私は存在していないし、私が存在するときには死は存在していない。これは完全に論理です。つまり、死が存在していないということは、死は無いということ。一人称の死は存在しない、無いということが明らかにわかります[9]」

古代ギリシアの哲学者、エピクロスも同様に「死は、もろもろの悪いもののうちで最も恐ろしいものとされているが、じつはわれわれにとって何ものでもないのである。なぜかといえば、われわれが存するかぎり、死は現に存せず、死が現に存するときには、もはやわれわれは存しないからである。そこで、死は、生きているものにも、すでに死んだものにも、かかわりがない。なぜなら、生きているもののところには、死は現に存しないのであり、他方、死んだものはもはや存しないからである[10]」と指摘します。

死に至るまでの過程は体験しても、自身では体験しえない死。死は他者によって認識され、妙な言い方ですが「完成」されるのです。自分で自分の顔を直接見ることができないように、死んだ自分を自分で認識することはできません。他者によってしか「わたしの死」は認識されない。つまり、関係性があってこそ「わたしの死」は「ある」ことになります。他者がいることによって、死んだ「わたし」は初めて葬られ、弔われることで死者になることができるといってもいいでしょう。

他者がわたしを担保する(11)

そもそも、私が私であること、自分が「わたし」という存在として生きていることを担保しているのは、絶対神の存在を信じなければ、実は他者の存在以外にはありえません。「わたしの死」を「ある」ものとしているのもまた他者であることは、当然のことかもしれません。生がなければ死もありません。

他者が「わたし」を担保するとはどういうことでしょうか。たとえば、いったいなぜ、どうして自分が生まれて来たのかを考えてみましょう。その理由が神から与えられた、決められたことだと信じられれば別ですが、誰も自分ではわかるはずがありません。ある日、突然この世に存在し、その前のことはわかりません。両親という他者がいて、とにかくこの世に生を受けたという事実しかありません。なぜ生まれたのか、生きる理由については自身の意味付けによって、物語の構築によってしかなされないのです。そこには常に自分を映し出す鏡のような存在としての他者がいる、というか他者が必要不可欠です。自分では自分の顔を直接見ることができないように、他者もまた自身の顔を見ることができません。お互いに鏡としての他者があって初めて自分で自分を「わたし」として認識することができるのです。鏡が材質や形状、距離などによって映り方が異なるように、向き合う相手次第で自身の像は違って見えるはずです。パートナーと向き合う時の顔、学生時代の友人と向き合う時の顔、職場での顔、ボランティアをしている時の顔……。向き合う他者ごとに顔を持つことができ、物語がつむがれるといってもいいでしょう。

私が私だと証明してくれるのも他者でしかありません。たとえば名前だって、いまこうして読み書きしている言葉だって、すべて他者から与えられたものです。オオカミに育てられた子どもには人の言葉も振る舞いもありません。人体は六〇兆個とも三七兆個ともいわれる細胞から成り立ち、その細胞は刻々と生まれ変わっています。だから一〇年前の自分とは細胞ベースでみればすっかり「他人」だし、眠る前と目覚めた後の自分が同一の自分であると信じられるのは、魂というものの存在を前提にしなければ、縦の糸を上から下へと動いてきた間の記憶や意識と、他者が「あなたは誰で、どういう人で」と保証し、そのように扱ってくれることにしか根拠はありえません。他者こそが「わたし」の存在には不可欠に思えてならないのです。

そもそも「わたし」とはどこまでをいうのかもかなりあやふやです。歯や髪が抜けたとき、その歯や髪は「わたし」でしょうか？　手を切り落としたとしたら、その手は？　徐々に身体を人工臓器などで代替していったとしたら、どこまでなら「わたし」は「わたし」といえるのでしょうか。究極的には脳の記憶を全てデータ化して、いわば意識をコンピューターに保存したら、いったい「わたし」とはどこにいるのでしょう……。

自分以外のすべての人たちがある日突然、「あなたなど会ったこともない。どこのだれかも知らない」と言いだしたら、「わたし」の記憶など揺らぎ、アイデンティティは崩壊し、おそらく精神に異常をきたすはずです。「アンノウン」という米国映画があります(12)。交通事故に遭って四日間昏睡状態の後に覚醒した主人公が、パートナーや周囲の人たちから「会ったこともない。知らない人物」として扱われます。そのうち主人公は自分の記憶に自信が持てなくなっていきます。自分はだれか、何者なのか。自分が認識している自分であるはずの存在が、他者からそうとは認識されない場合どうなるのか。映画ではその後の展開がサスペンスになるのですが、考えさせられます。私が私だと信じていられるのは、他者のおかげであり、それで生きていられるのです。

曹洞宗の僧侶、南直哉さんはこんな風に言います。「人が物理的消滅、つまり肉体が崩壊しただけで、死者になれるわけではない。自己に存在の根拠を与えてくれた者、自己の在り方を肯定してくれた人、そのような他者が自己にとっての『死者』になるのだ。それ以外に死者は存在しない。つまり、誰かを大切にした者が、その誰かの存在において、死者になるのである（権力が特定の死者の『大切さ』を強制する場合もあるが）。『大切な』関係性は、その他者が生きていようが死んでいようが変わらない。つまり、死者は生者と同じように実存する。しかし、その在り方は決定的に違う。だから、生前の彼とは別の関係を、死者である彼と結び直さなければならない。そうすることによって、死者を死者として実在させるのである[13]」

生きることも死も他者がいてこそ。そう考えたとき、生きることと死が、実は一体のものであることに気づきます。そもそも生がなければ死もありません。生きるとは、縦と横の糸の結節点にある私という存在の一つの状態、現象であり、「わたしの死」もまたその関係性の中にしかありえない一つの現象です[14]。仏教でいうところの「生死一如」とはこうした概念なのかもしれません。このことは、ともすればすべての終わりと意識されがちな死を意識・前提することでさえ、それを契機として、実は他者との関係性を見つめ、関係を深めたり、新たに構築したりすることができる、つまり「わたし」を変え、生き方を変えることができる可能性が最後の最後まであることを指し示します。「死を思うことでよく生きる」という言説がありますが、こうした生き方を変えられる可能性のことを意味していると考えます。

また、全ての人はいつか必ず死ぬという普遍的事実は、他者への共感の源泉としては最も普遍的な、ある意味絶対的なものではないでしょうか。いつかあなたも私もこの世から消えます。肌の色が違おうが、生まれ育った環境が異なろうが、金持ちだろうが貧乏だろうが、この一点だけは絶対にブレません。それは、同じ時を生きる人間同士として共感しうる唯一絶対の最終的な共感ラインになりうるはずです。自身の生が二度と体験できない一度きりのものであり、その不思議さ、尊さを思う時、他者の生もまた同じであることに気づくことは、他者を同じ人間として共感し、慈しむ存在とする可能性へと道を開きます。死が、他者と自分を人間同士として結びつけるのです。

終活の積極的可能性

ここまでで見えて来たのは、死を意識することを契機として人とつながる、関係性の中で生を生きていくことを可能とする、終活の新たな可能性ではなかったでしょうか。誰にも頼れないからとか、迷惑をかけたくないからといった、いってみれば自分の置かれた状況に否応なく対応するための状況適合的活動という消極的な位置づけではなく、自ら新たな生き方の可能性を拓くという能動的で積極的な意味付けが可能になったと思います。

「迷惑をかけない」ために行う終活にとどまる限りは、死を意識することを契機として他者とつながることや、他者との関係性を再構築するための扉を閉じたままにしてしまうことになりかねません。哲学者の近内悠太さんは、そもそも「誰にも迷惑かけない社会とは、定義上、自分の存在が誰からも必要とされない社会です」と指摘します[15]。全くその通りだと思います。

　コロナ禍で再認識した、他者とのつながりの不可欠性、徹底した相互依存関係の中にある自分という存在。昨日まで元気だった人が突然、亡くなってしまうこともある、人はいつ死ぬかわからないという、ともすると目を背けがちな現実。そんな経験を経たいまだからこそ、終活を意識したならば、他者とつながることを大切にしたいのです。「わたしの死」がいつあるかなど誰にもわからないという当たり前の現実に立ちたいと思うのです。繰り返しですが、死の前後に他者の手を煩わせないことなど絶対にできないのだし、死は他者との関係の中にしかないのです。他者とつながり、最後まで生きる時間を共有し、面倒を迷惑とは思わない、「迷惑」をかけあえる関係性を築くことこそが終活にはできるし、不可欠だと私は考えます。

それは同時に、他者との別れ、すなわち他者との関係性の中にある私自身との別れでもある死をどう考え、どう受け止めるかという「死生観」とも密接不可分になるでしょう。どんな「横の糸」も必ず最後は失われてしまいます。宗教的な信仰によって、死後も別の形で〝生きる〟前提だと「失われる」というのは適切な表現でないかもしれませんが、そうした信仰も含めて、死の不安、悲しみ、苦しみにどう向き合うのか。最後は死生観が拠り所となるはずです。たとえ結論はなくとも「死とは何か」は、だれもが考えておくべきことではないでしょうか。

死を「怖い」と感じるのは、因数分解してみればおそらく「死ぬまでのプロセスで起きるだろう肉体的な苦痛が怖い」「自分がこの世からいなくなること、それ自体が怖い」「大切な人たちと別れるのが怖い」「死が何かわからないことから生じる漠たる恐怖」などいくつかの要素に分けることができるはずです。それぞれへの対処方法は異なるでしょう。医学的な知識が役立つ「怖さ」もあれば、周囲の人たちとの会話が役立つものもあるでしょう。死生観を自分なりに持つことで、こうした要素のうちのいくつかは、たとえ解消できないまでも、少なくとも目を逸らさずに向き合うことが可能になるのではないでしょうか。

(3)「つながり」について

健康への影響

ここまででも他者とつながること、関係性を豊かに太くしていくことの重要性は感じていただけたかと思いますが、データ面からも「つながり」にもう少しフォーカスしてみます。様々な研究から、つながりが健康に与える影響の大きさがわかっています。[16] 肥満や運動不足よりも、社会とのつながりが少ないことの方が死亡リスクに影響します。社会とのつながりが少ないことは、一日一五本のタバコを吸うことに匹敵するほど死亡リスクが高まるとされています。

想像してみてください。一人暮らしで社会的なつながりが薄く、あまり外にも出ないでいれば会話する機会が減りますよね。口は会話と同時に食物を取り込むためにも使います。

口を動かす機会が減れば「オーラル・フレイル」が進みます。オーラル・フレイルとは、歯や口の機能が衰えた状態です。モノを飲み込みにくくなったり、話がしにくくなったりします。そうなると栄養を取りにくくなって筋力が落ち、身体全体の虚弱状態「フレイル」になってしまう。そうなればますます外に出なくなり、フレイルが進行し、ついには要介護状態へと至ります。これを「フレイル・ドミノ」といいます。社会とつながることの重要性がわかるのではないでしょうか。つながりが失われることが介護状態へのきっかけにもなってしまうのです。

孤独・孤立対策推進法

社会とのつながりの観点からみると、日本の現状は非常に心配です。内閣府の調査[17]では、会話の頻度が「一週間に一回以下、ほとんど話をしない」人の割合が、一人暮らし高齢者の男性で一一・八パーセントにのぼります。一〇人に一人が一週間、誰とも話をしていないというのです。女性はほんの少しだけマシですが、それでも六・六パーセントが誰とも会話していません。ちょっとショッキングなデータではないでしょうか。また、いわゆる「孤立死」と考えられる事例も多発していると「二〇二三年版高齢社会白書」は指摘し、東京二三区内における一人暮らしで六五歳以上の人の自宅での死亡者数は四〇〇〇人強だと記しています。

国土交通省のHPに「世界一孤独な日本人」というプレゼン資料が掲載されています[18]。題名もショッキングですが、中味も刺激的です。「友人などと時間をほとんど過ごさない人の割合」はOECD諸国の中でダントツですし、すごく丸めていえば「つながり」に近い意味の「ソーシャルキャピタル（社会関係資本）」は世界一四九カ国中一〇一位で先進国の中では最低。「ソーシャルキャピタル最貧国」と位置付けられていました。また、「孤独は人を自己中心的にする」「孤独は人を攻撃的にする」「孤独は現代の最も深刻なエピデミック（伝染病）」といった言葉も紹介されています。

二〇二三年に公表された、国による「孤独・孤立の実態把握に関する全国調査」の結果[19]によると、孤独感が「常にある」が四・九パーセント、「時々」一五・八パーセント、「たまに」一九・六パーセント。「決してない」は一八・四パーセントでした。こうしたことから、国も社会的つながりを重視し、「孤独・孤立対策推進法」を制定して二〇二四年四月に施行しました。この法律は基本理念として「孤独・孤立の状態は人生のあらゆる段階において何人にも生じ得るものであり、社会の変化により孤独・孤立の状態にある者の問題が深刻な状況にある」として「社会のあらゆる分野において孤独・孤立対策の推進を図ることが重要である」と謳います。だれもが孤独や孤立の状態になる可能性があります。だからこそ、誰もが社会や他者と関わりがもてるように支援していくことを目指し、相談窓口の設置や、孤独・孤立対策に取り組むＮＰＯなどへの支援といった施策を始めているのです[20]。

先述の「利他」との関係でいえば、こうしたつながりが薄いからなのか、はたまた利他的な行為をしないからつながりが薄いのか。「鶏が先か卵が先か」みたいなものですが、日本は残念ながら世界的にみて利他的な行為がみられない社会になっています。

イギリスのCharities Aid Foundationという慈善団体が毎年発表している「世界人助け指数（World Giving Index）」二〇二二年版[21]によると、「過去一か月間に慈善団体に金銭寄付をした」人の割合は日本では一八パーセントで、調査対象一一九カ国中一〇三位。全体の平均値は三五パーセントですから相当、少ないことがわかります。さらにこの調査では、過去一か月間に見知らぬ人を助けた人の割合やボランティア参加割合も調べていますが、前者で日本は一一八位、後者が八三位です。このため総合的な「人助け指数」で日本は一一九カ国中一一八位であり「他者に最も冷淡な国」といってもあながち間違いだとはいえない評価を受けています。

孤独と社会的孤立は違う

ただ、こうした議論には必ずといっていいほど反論があるはずです。「自己決定は尊重されるべきだ。一人でいて何が悪い」「周囲、特に行政が介入してくるのは大きなお世話だ」といったところが代表的でしょう。

書店に行くと「孤独のススメ」的な題名で「一人でいる時間の大切さ」といったことを主張する本が何冊もあります。確かに自ら選んで一人でいることが全面的に悪いことだなどと否定したりはしません。ただ、孤独という言葉は主観的なものです。客観的な状況である孤立、特に社会的孤立という言い方で表現される状態とは意味合いが異なります。時には一人でいたい、孤独が思索を深めるといった側面はおっしゃる通りだと私も思います。強制的に人と付き合いなさい、などと言われる筋合いはないことも当り前ですが同意します。でも、フランスの作家、バルザックの言葉に「孤独は良いものだと認めざるを得ない。しかし、孤独は良いものだと話し合える相手がいることも、一つの喜びだ」というものがあります。言いえて妙ではないでしょうか。

それに、本書でこれまで述べていることはすでにお感じいただけていると思いますが、特に人生の最終段階では人は一人では何もできないのだから、頼れる「誰か」とのつながりを太くする必要性があり、同時に幸せのためには他者とのつながりが不可欠であるということです。様々な客観的指標で示される孤立は、心身に深刻な影響を与えることは明確です。問題にしているのは、自ら積極的に選んでいる孤独ではなく、社会的排除として認識される孤立です。

それは経済的状況や婚姻の有無といったものが、本人が好むと好まざるとにかかわらずスティグマとして機能してしまった結果としての孤立です。自助努力では解決しない状況です。こう考えると「つながり」を求めるということから、場合によっては社会構造や社会意識を変革する必要性といったことも視野に入ってきます。集活は主に最期を託せる関係性や、最期まで幸せに生きていくための関係性を念頭にしています。人によってはまず社会的孤立の解消から始める必要があるでしょう。だれにとっても集活の「その先」として社会へ目を向ける必要性があると私は考えています。

他者、社会とつながるために具体的に何をすべきか。利他を自身の生活に取り込むにはどうすべきか。詰まるところそれが自身の幸せにもつながってくるのですから、ぜひ考えたいところです。

(1) https://japan-who.or.jp/about/who-what/charter/ 二〇二四年二月四日閲覧
(2)「雇用政策研究会報告書概要（案）」https://www.mhlw.go.jp/content/11601000/000467968.pdf 二〇二四年二月四日閲覧
(3) https://www5.cao.go.jp/keizai-shimon/kaigi/cabinet/honebuto/2023/2023_basicpolicies_ja.pdf 二〇二四年二月四日閲覧
(4) 前野隆司「Well-being（幸せ、健康、福祉）の現在と未来」二〇二三年、『作業科学研究』一七巻一号、四一―四二頁。
(5) https://www.recruit-ms.co.jp/research/2030/opinion/detail29.html 二〇二四年一月五日閲覧
(6) アラン・ケレハー『コンパッション都市 公衆衛生と終末期ケアの融合』（二〇二二年、竹ノ内裕文・堀田聰子監訳、慶應義塾大学出版会）という書籍がこの考え方を広めている。
(7) V・ジャンケレヴィッチ『死』一九七八年、仲澤紀雄訳、みすず書房、二五頁。
(8) 同書、二九頁。
(9) 池田晶子『死とは何か さて死んだのは誰なのか』二〇〇九年、毎日新聞出版、二三一頁。
(10) エピクロス『エピクロス―教説と手紙』一九五九年、出隆・岩崎允胤訳、岩波文庫、六七―六八頁。
(11) この項は雑誌『フューネラルビジネス』（総合ユニコム）二〇二四年六月号、六二―六四頁への寄稿を加筆・修正。

(12)監督ジャウム・コレット＝セラ、二〇一一年公開。
(13)南直哉『死ぬ練習』二〇二〇年、宝島社、一三〇頁。
(14)伊佐敷隆弘は『死んだらどうなるのか？　死生観をめぐる6つの哲学』（二〇一九年、亜紀書房、二四三－二六〇頁）で、人間が周囲の環境がなければ生命を維持できない点を踏まえ、生命を「〈身体と環境の両方から構築されたシステム〉の持つ機能」としてとらえ、この周囲の環境の中には他人の身体も含まれると考えた。そのうえで、「心」は他人との関係から生まれるものだと考えれば、死んで自身の身体が分解することで「私の主観的視点」は消滅するかもしれないが、関係の構成要素である他人が存在する限り、ただちに「関係」全体が消滅するとは限らず、他人にとって私の「心」は残存しうると考えた。死が関係性の中にしかないということから導かれる一つの見解だと思う。
(15)近内悠太『世界は贈与でできている　資本主義の「すきま」を埋める倫理学』二〇二〇年、NewsPicksパブリッシング、五五頁。
(16)たとえば　https://journals.plos.org/plosmedicine/article?id=10.1371/journal.pmed.1000316 や https://journals.sagepub.com/doi/full/10.1177/1745691614568352　二〇二四年一月一〇日閲覧
(17)https://www8.cao.go.jp/kourei/ishiki/h20/kenkyu/gaiyo/pdf/kekka.pdf
(18)https://www.mlit.go.jp/common/001281620.pdf　二〇二四年一月一〇日閲覧
(19)https://www.cas.go.jp/jp/seisaku/kodoku_koritsu_taisaku/zittai_tyosa/r4_zenkoku_tyosa/tyosakekka_gaiyo.pdf　二〇二四年一月一〇日閲覧
(20)哲学者、三木清の「人生論ノート」にこんな言葉があります。「ひとは孤独を逃れるために独居しさえするのである。（中略）孤独は山になく、街にある。一人の人間にあるのでなく、大勢の人間の『間』にあるのである」。孤独を生み出すものが大勢の人間、社会であるならば、社会的な取り組みが必要なのはいうまでもありません。とはいえ、つながりが形だけならばかえって孤独を生み出しかねません。他者とつながることが喜びであると感じられることが必要でしょう。難しい課題です。

(21) https://www.cafonline.org/about-us/publications/2022-publications/caf-world-giving-index-2022 二〇二四年一月一六日閲覧

第二章　終活を考える

（1）社会の変化

ファミレス社会（1）

この章では、終活について考えてみます。

さて、不思議に思いませんか。人は必ず死を迎えます。古来、数えきれない人たちが生を終えてきました。当たり前のことですが、最近になって突然、人が死に始めたわけではありません。自分の死を意識する人が、最近になってあたかも新人類のように誕生したわけでもありません。あるいは、遺された人たちのことを思いやる情け深い人たちが突然、増えたわけでもないでしょう。それなのに、終活という言葉が生まれ、人々がその言葉を使い、行動しています。言葉は人々の必要や気分から生まれるものと考えれば、終活という言葉を生み出す必要、動機が私たちにあったと考えるのが妥当でしょう。

終活という言葉は二〇〇九年に「週刊朝日」が造語して使われ始め、流行語大賞候補にもなりました。メディアは時代の空気、人々の気分を映し出してしばしば造語しますが、時代に合わなければそんな言葉はすぐに消えてしまいます。昨年の流行語大賞が何だったかを覚えていますか？

もちろん、終活に類することは、言葉の誕生以前にも行われていたことは間違いありません。遺言作成はわかりやすい例ですし、実際に行動している人たちがいたからこそ週刊誌がその実態を取材し、特集したわけです。でも、そうした行動に言葉が与えられ、一過性のものではなく日常に定着したのは、私たちのニーズに深く合致したからこそでしょう。ニーズが言葉を生み、言葉がニーズを意識させて行動を促し、それがまた言葉を定着させたのです。では、そのニーズとは何だったのでしょう？

ひとことで言えば社会の変化に伴う、意識と行動の変化です。加齢や病気、事故などで心身が衰えて死を迎えつつある人を、私たちは治療、看病、介護し、最終的には看取り、弔ってきました。ただ、その方法は時代と共に変わってきましたし、いまも変わっています。身近な例を一つだけ挙げれば、弔いの儀礼である葬儀の変化はわかりやすいでしょう。いまは「家族葬」や「ワンデイ・セレモニー」といった形で、身内だけで簡素に送ることが一般化してきました。宗教者を呼ばない葬儀も増えています。通夜・告別式に地域の人や会社関係者らがたくさん弔問に訪れていた昭和は遠くなりにけり、です。人が亡くなるという事実に変わりがなくても、死を受け止める社会の側が変わることで、人々の気持ちや行動様式に変化が生じた、もしくは変化せざるをえなかった。その変化の姿をとらえ、行動に適した言葉として「終活」は定着したと考えます。

その変化とは、一言でいえば社会が「ファミレス社会」になったということです。「ファミリー」(家族)が「レス(less)」(もっと少ない)する。つまり、家族がやせ細った社会です。「高齢社会をよくする女性の会」理事長の樋口恵子さんが名付け親です。

いくつかのデータを示し、終活を生み出した変化をみてみましょう。

まず、少子高齢化が進んでいることはいまさらいうまでもありません。増え続ける高齢者の中でも、一人暮らしが増え続けている点を最初に指摘しておきます。国立社会保障・人口問題研究所が二〇二四年四月に発表した推計によると、二〇五〇年には全五二六一万世帯の四四・三パーセントが一人暮らしになります。六五歳以上の一人暮らし高齢者が全世帯に占める割合は、二〇二〇年の一三・二パーセントから二〇・六パーセントへと増えます。一人暮らしの男性高齢者のうち未婚者の割合は三三・七パーセントから五九・七パーセントへと大幅に増え、女性も一一・九パーセントから三〇・二パーセントになります。非婚のまま高齢期を迎える人がどんどん増えていくのです。

国勢調査で、一人暮らしが全世帯に占める割合（三二・四パーセント）が、「夫婦と子供から成る世帯」（二七・九パーセント）を史上初めて上回ったのは二〇一〇年のことでした。一人で暮らすことが主流になるという、日本史上でおそらく経験したことのないステージに、私たちはすでに足を踏み入れているのです。こうしたデータからみえてくるものとは、社会の「おひとりさま」化、特に高齢者の一人暮らしが広がる現状と、その傾向がますます強くなっていく未来に他なりません。

漫画「サザエさん」や「ちびまる子ちゃん」のような三世代同居が当たり前の時代は遠い昔となり、「クレヨンしんちゃん」の野原家のような夫婦と子どもからなる核家族が一般化した戦後。核家族は、最終的に子どもが独立して夫婦だけになり、やがてその一方が亡くなって最後は一人暮らしになります。加えて、結婚しない人の増加。正邪や是非ではなく、事実として家族の形は変わっています。「伝統的家族」とか「標準世帯」といった幻想にしがみつき、「家族はこうあるべき」と叫んだところで現実は変わらないし、家族の変化に応じた社会構造の変革などに支障が生じるばかりです。たとえば家族を前提した年金などの社会保障は、個人を単位としたものへ早急に改善しなければならないでしょう。

看取りの在宅化は可能か

そんな家族にいま課されているのが看取りの在宅化です。死亡者数は二〇四〇年には年に一六〇万人を超えると予測されています（参考までに一九九九年の死亡者は約七九万人。その後ほぼ一貫して増え続けています）。空前の多死社会がすでに到来しているのですが、病床数の削減や入院日数の短縮化などによって「病院で最後まで」は難しくなっています。

国は「高齢者の尊厳の保持と自立生活の支援の目的のもとで、可能な限り住み慣れた地域で、自分らしい暮らしを人生の最期まで続けることができるよう、地域の包括的な支援・サービス提供体制（地域包括ケアシステム）の構築を推進[2]」と謳い、在宅や介護施設で介護・看護を受けながら最期を迎えられる態勢を整えるとしています。要するに、できるだけ最期まで家で過ごしてほしいというわけです。

では実際、人はどこで亡くなっているのでしょうか。死亡場所別データをみると一九五一年には自宅で亡くなる人が八割を超えていたものの、一九七六年を境に病院での死亡者の方が多くなって、最近では約七割が病院で死を迎えています。「畳の上」で亡くなる日本人は少ないのです。地域包括ケアシステムの進展や、コロナ禍中は病院での面会ができない状況が続いたこともあって、自宅と介護施設で亡くなる人が増える傾向を示しているものの、その差はまだまだ大きいのが現状です。

一方、六〇歳以上の人に、「万一治る見込みがない病気になった場合、最期を迎えたい場所はどこか」を聞けば、約半数（五一・〇パーセント）の人が「自宅」と答えています[3]。少なくない人が自宅で最期を迎えたいという希望を持っていることがうかがえます。希望と実態のギャップの要因は、やはり先述した家族の姿の変化があるとみて間違いないでしょう。

看取る側の負担は大きいのです。ファミレス社会でやせ細り、高齢化も進んでいる家族に介護を頼ることの難しさは否定できません。「老老介護」はよく目にする言葉でしょう。しかも、本来頼れるはずの介護保険制度は介護職への待遇改善がなかなか進まず、人手不足が現実化しているし、ますますひどくなるのではないかと懸念されています。二〇〇〇年に介護保険制度が始まった当初の「介護の社会化」という理念はかなり色あせてしまいました。やはり前章で指摘した「誰か」、家族ら近しい人たちによる介護や支え合いを前提としているといっても間違いではありません。

だからこそ、いくら国が「介護離職ゼロ」のスローガンを唱えても、家族介護のために職を辞める人、辞めざるを得ない人が後を絶たない現実があるのです。二〇一四年に一〇・一万人だった介護離職者は二〇二二年でも一〇・六万人とほとんど変化していません。いま国は政策理念として「自助・共助・公助」をこの順番で重視していると考えられます。介護でいえば、「まずは自分で、身内でなんとかしろ。その後、足りない部分を地域社会で面倒みて、最終的にどうしようもなかったら国に頼れ」といわれているに等しく、「介護の社会化」は今後も形骸化していく懸念が非常に強いと言わざるをえません。

認知症のことも忘れてはならないでしょう。国の推計では、二〇四〇年には高齢者の約三人に一人は認知症か、その前段階の軽度認知障害（ＭＣＩ）になると推計されています[4]。在宅で家族が介護することが難しいケースが増えることが容易に予想されているのです。

死の医療化の下で

人を自宅で看取ることが当たり前だった時代にはいわば「在宅看取り文化」があったは

ずですが、それがいまは失われています。人が目の前で衰弱していく姿を目の当たりにしながら、「そろそろお迎えが来るな」と覚悟を決め、看取る。「その時」が来れば、地域の人たちや家族の役割も不文律のように機能して葬儀を執り行っていました。しかし、病院で死ぬのが当たり前になって半世紀近くを経て、もはや在宅看取り文化は失われたといってもあながち間違いではないでしょう。訪問医療・看護などを活用した新たな在宅看取り文化がいま形成途上にあるという言い方はできるかもしれませんが……。

死は病院に閉じ込められてきました。死が医療化され、日常から隔離されてきたのです。病院で「治療」されながら、ある瞬間に「ご臨終です」と医師に宣告される体験はしても、身近で人が徐々に衰弱して最後に自然に息を引き取る場面をみる機会がほとんどなくなっているのです。

文化人類学者・波平恵美子さんは「私たちの一世代ないし二世代前の人びとは、家族や血縁者の死の看取りをし、死に際の修羅場を経験し、病人が亡くなるとその遺体の処理を自らおこなっていた。（中略）気味悪さや不快感を超えて処理することが義務を果たすことであり、死んだ人を慰める最も重要な行為ととらえられていたのである。つまり、死とは、遺体と向き合う時に初めて実感し、納得し、理解できるものとされていた[5]」と記します。その実感や理解が失われています。

たとえば、「下顎呼吸(かがくこきゅう)」。多くの場合、亡くなる前に下顎を上下させて、苦しそうにあえぐようにして呼吸するようになります。在宅看取りをしようと覚悟していた家族や介護施設でも、ここでつい救急車を呼んでしまうことが少なくないといわれます。身近で人が死にゆく姿をみる経験がない暮らしをしてきたのですから、苦し気な様子を前にして動揺し、「病院なら助けてくれるかも」と考え、そうした行動をとることはある意味、自然であり、非難できるものではないでしょう。

いま最期を迎える場として期待されている、介護付き有料老人ホームやサービス付き高齢者向け住宅、グループホームで働くスタッフでさえ五割以上が「看取りが怖い」と考え(特に、看取りにかかわったことがないスタッフの場合は六五・七パーセントがそう考えています)、「人生の最終段階であっても救急車を呼ぶ方がよい」と五割近くが考えています。[6]

旅立ちのときの身体変化

ここでご参考までですが、特に在宅看取りを希望、前提としているならば、本人はもとより家族らに共有しておいた方がよい知識として、人が最期を迎えるときにどんな身体的

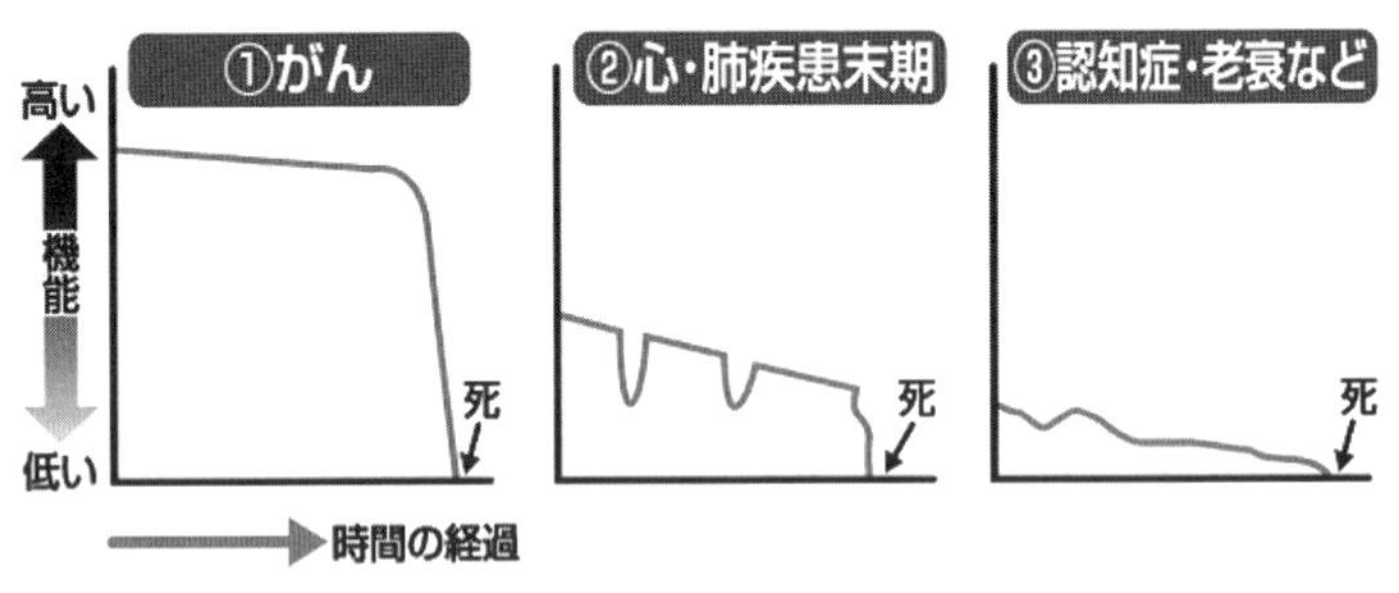

図１　死を迎えるまでの身体の衰え方

変化が起きるのかの概略を示しておきます。

「図１」[7]はあくまで一般論ですが、死を迎えるまでの衰え方を概念化しています。がんの場合は比較的元気な状態が続き、最後に一気に身体が衰えることが多く、心臓や肺の疾患では状態が悪化・回復を繰り返しながら徐々に衰えていくことを意味しています。

死の直前に起こる身体変化として、以下は公益財団法人「日本ホスピス・緩和ケア研究振興財団」が作成した「旅立ちのとき　寄りそうあなたへのガイドブック[8]」からの引用です。当然ながら個人差がありますので、あくまでも目安です。

死の二週間前から一週間前には以下のような変化が見られます。

・食欲の低下　・身体を動かせなくなっていく　・呼吸

困難
・筋力の低下　・手足の浮腫（むくみ）　・睡眠障害（昼夜逆転）
・見当ちがい（混乱）　・衣服や寝具を引っ張る

死の数日から数時間前には、元気を取り戻す人もいます。その後、二週間前から一週間前の症状がさらに強まり、以下のようなことが現れることもあります。
・介助なしでは、歩いたり、座ったり、体の向きを変えることが難しくなる
・体温の変化（発熱、低体温）　・手足の斑点や冷え　・汗をよくかく
・浮腫（むくみ）が減少したり、消失したりする　・目の曇り、涙目、半眼
・飲み込むことが難しくなる　・液体をほとんど飲まなくなる　・口の乾燥
・排尿の減少または消失　・排尿や排便が制御できなくなる
・呼吸が不規則になったり、浅くなったり、途絶えたりする
・呼吸時のあえぎ：分泌物の増加により、呼吸音が大きくなる
・落ち着きをなくしたり、気力を失ったりする　・意識喪失

ガイドブックにはこうした変化に対して「手足を優しくマッサージし、温める」「穏やかに、自然な調子で話す」「望む食べ物を与える」「湿らせたガーゼを半開きのまぶたの上に当てる」「人工涙の目薬をさす」などの関わり方が示されています。

また「よくある質問」として、たとえば「死の直前、呼吸音が大きくなるのはなぜですか」に対しては「死を迎えようとしている人は、唾液を飲み込んで分泌物を排出することが難しくなる場合があります。ぜいぜい言うあえぎは、分泌物や空気が緩んだ声帯を通る音なのです。この音は患者さん本人よりも、周囲の人々を苦しめることが多いです。患者さんができる限り快適でいられることは皆の願いであり、医療従事者はそのように努めます」などと記しています。こうした知識があると無いとでは、いざという時の対応に大きな差が出そうです。

ほかにも栃木県宇都宮市が発行する「在宅療養パンフレット（在宅看取り編）[9]」（「図2」はその一部です）のように、自治体が在宅看取りに関する情報を発信しているケースもありますのでご参考になさってください。

在宅看取りはともすると家族が無理をしがちです。でも、完璧な看取りなどありえません。どんなに真摯に向き合っても必ず、どこかに後悔が残るのが看取りです。ですから、旅立ちのときが近付くと…

眠っている時間が長くなります。
⇒ 体力の低下により、起きていることが難しくなります。
1日のほとんどを眠って過ごすこともあります。床ずれができやすくなるので、時々身体の向きを変えてあげましょう。
無理に起こす必要はありません。

つじつまが合わず、いつもと違う行動をとったり、興奮したりすることがあります。
⇒ 否定したりせず、そばで優しく見守ってあげましょう。
また、ベッドから転落するなど、突発的な行動をすることがあります。
心配な時は訪問看護師等に相談しましょう。

食事摂取量が段々と少なくなり、時には全く口にしないときもあります。
⇒ 食欲が低下します。
ご本人が食べたいときに好きなものを少しずつ食べさせてあげましょう。

排泄のコントロールが難しくなります。
⇒ 筋力が低下するため、失禁がみられます。時間を見ておむつを交換してあげましょう。
また、尿量が減少し、時には全く出ないこともあります。

唾液や痰がたまり、呼吸の際にゴロゴロと音がしたり、苦しそうな声がもれたりします。
⇒ 水分量が少ないため、こうしたことが気になる場合があります。
痰が上がってくるときは、身体を横向きにしたり、上半身をやや上げるようにしてあげましょう。

手足が冷たくなり、白〜紫色になってきます。
⇒ 血液の流れが悪くなっています。
やさしく身体をさすったり、手を握って話しかけたりしましょう。

呼吸が不規則になり、時には数十秒ほど止まることもあります。
⇒ 肩やあごを動かすような呼吸は、旅立ちが近づいているサインです。
苦しそうに見えますが、本人は苦痛を感じていないと言われています。
見守ってあげましょう。

呼びかけに対し反応がなくなります。
⇒ 身体を動かすことが難しくなっても、聴力は最期まで残ります。
皆さんの呼びかけはご本人に聞こえています。感謝の言葉をかけたり、好きな音楽を流してあげましょう。

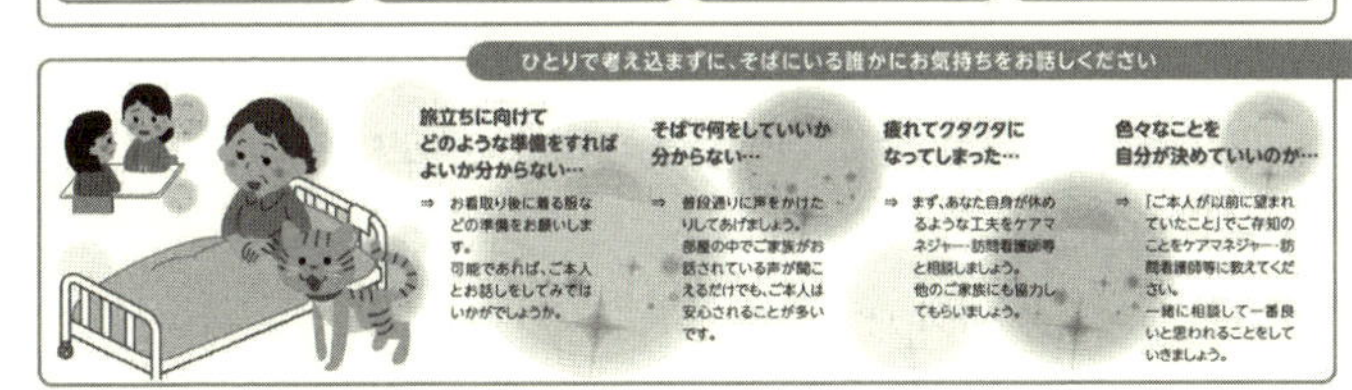

図2　宇都宮市在宅療養パンフレット（在宅看取り編）より

できることしかできないと割り切ること、無理は決してしないで医師や看護師、ケアマネ、ヘルパーさんら多くの人に頼ることが大切だと、看取られる側も看取る側もあらかじめ認識しておきたいところです。家族や友人、医療・介護者らと繰り返し話をする「人生会議（ＡＣＰ）」（これに関しては次章で詳述します）の場で、この点はぜひ共有してほしいと思います。

サクセスフル・エイジング？

さて、「大丈夫。『きちんと』歳を取れば在宅で看取れるよ、安心してね」とでもいうためなのでしょうか。「サクセスフル・エイジング」という言葉が使われることがあります。幸福な老いなどと訳されることもあり、実現のための条件などがさかんに研究されていて、「長寿と生活の質（ＱＯＬ）、社会貢献」がポイントとされるようです。ただ、いまの時代の文脈でとらえてしまうと、この言葉が用いられるということは「サクセスフル」ではない齢の取り方、要するに失敗した、残念な齢の取り方があるかのようです。それに対して「こういう年の取り方が理想ですよ」と社会が規範化して「がんばりなさい」と人々にけしかけている印象を受けてしまい、ちょっと鼻白んでしまいます。

もちろん、やはりなにより身体状態が良好であることが大切だと考え、運動などに励むことは否定すべきことではありません。とはいえ、それで最後まで介護の心配もいらずにすむはずだと考えているとすれば、残念ながら、そううまくはいきません。日常生活を制限されることなく過ごせる期間を示す「健康寿命」と、平均寿命との間には男性で約九年、女性で約一二年の差があります。皮肉なことに、国が健康寿命を延ばしましょうと呼びかけると、平均寿命もほぼ延びているため、この差はなかなか縮まってこないのです。

人生の最終段階では他者のお世話にならないといけない、ヨタヨタ、ヘロヘロしてしまう「ヨタヘロ期」がほぼ避けて通れません。いくらＰＰＫ（ピンピンコロリ）を望んでも、実際にそういう亡くなり方をするのは一五パーセント程度といわれ、寝たきりの末に亡くなるNNK（ネンネンコロリ）の方が現実です。その現実を直視したい。そうすれば自ずと終活で大切なポイントもみえてきます。ちなみに、PPKとは詰まるところ突然死です。遺された者のショックは大きいし、最後のお別れができなかった後悔も残ります。現実問題として犯罪性の有無を調べるために遺体が解剖されることもあります。本当に望ましい死に方なのかは、いささか疑問ではありますが……。

迷惑をかけられない状況だからこそ

人生の最終段階、ライフエンディングステージにおいて、死にゆく人をどのように支え、看取り、弔うのか。死にゆく者の立場からいえば、どう見送られ、弔われるのか。そのことに関して、考え方や儀礼、作法、方法が自明なものとして社会で共有され、何も考えずとも「あとは任せた」と次世代の人たちに委ねられるのであれば、できれば避けたい話題と考えられる「死」をことさら話題にする必然性は高くはないはずです。いわんや死のための準備など自分でする必要はないはずです。要は、こうした共有概念や、死後の様々なことを担う家族や社会の側が揺らいでいるから、話しをせざるを得なくなった、行動せざるを得なくなったのだと私は考えています。黙っていてもなんとかなっていた、安心していられた構造が機能しなくなったのです。

たとえば、以前なら考えるまでもなく、家族や地域コミュニティーに任せておけば安心というか、それ以外の選択肢などほぼ考えられなかった葬儀やお墓はわかりやすい事例です。死ねば先祖代々の墓に入るものだと当然視され、葬儀は地域コミュニティーの人々が地域のしきたりに従って実施しました。ですが、概観したように家族はやせ細り、都市部への人口集中によって過疎地は高齢化して地域コミュニティーは弱体化しました。一方の都市部では地域コミュニティーは脆弱な形成しかできていません。どれも寄りかかったら、一緒に倒れこみそうな足腰の弱りようです。だからこそ、自分で葬儀やお墓などを生前に準備するという選択、行動が立ち上がるのです。終活を口にした際に頻繁に語られる言葉「家族に迷惑かけたくない」は、裏返せば、迷惑をかけられない状況なのだともいえるのではないでしょうか。

いま多くの人が関心を寄せる終活は、ともするとサービスや財を購入することによって家族や周囲に迷惑をかけないことを目指しているように思えてなりません。死んでまで自己責任に追い立てられるかのようです。自身の周りに壁を築いて「ここは自分でなんとかするから」と陣地整備に勤しみ、人を寄せ付けない印象を受けてしまうのです。「孤独な終活」といえるかもしれません。

コロナ禍で浮き彫りになったことがあります。それは、計画していた通り、思い描いていた通りの最後のお別れができるとは必ずしも限らないという当たり前の現実です。志村けんさんがコロナで亡くなり、遺骨となるまで遺族に会えずにいたことを覚えている方も多いでしょう。そして、先述したように、私たちは一人では生きていけない、多くの人たちの支えによって生きている、つまり関係性の中に生きている存在であり、いつ死ぬかもわからない儚い存在だという、ごく当たり前の事実でした。だからこそもう一度、集活こそが終活の肝なのだと強調しておきます。

（2）終活関連の制度

任意代理契約と任意後見

終活は大きく分ければ三つのタイプになると私は考えています。このことを説明する前提として、制度や仕組みについて触れます。終活する場合、具体的には制度や仕組み、手段を利用することがあるからです。

「図3」をご覧ください。ライフエンディングステージ、つまり人生の最終盤から死後までのステージを支える社会的な制度や手段をざっくりとまとめたものです。

矢印は、現在から徐々に身体機能が衰えて死を迎える状況の変化を時間軸として示しています。左右を分けている縦線が「死」です。状況の変化に応じて周囲から受けるサポートは、たとえば電球を取り換えてもらう、ゴミ出しを手伝ってもらうといった「日常生活の支援」から、徐々に身体介護といった「ケア的関与」に移行し、最終的にはターミナルケアとなって死を迎えます。

生前の部分に記した任意代理契約とは、個別の問題について「こういうことをしてくださいね」と代理人と契約を結んで依頼します。例えば、一人暮らしで時々は誰かに自分の様子を確認してほしい、あるいは子どもが一人暮らしの親の様子を時々は確認したいと、警備会社や郵便局、ＮＰＯなど見守り活動をしている事業者に依頼することはその一つです。また、いま社会的課題として注目されているのが身元保証です。介護施設に入居するにも、病院に入院するにも現実問題として保証人を求められることがほとんどですから、保証人が身近にいない場合はＮＰＯや法律事務所などの事業者に依頼する必要があります。

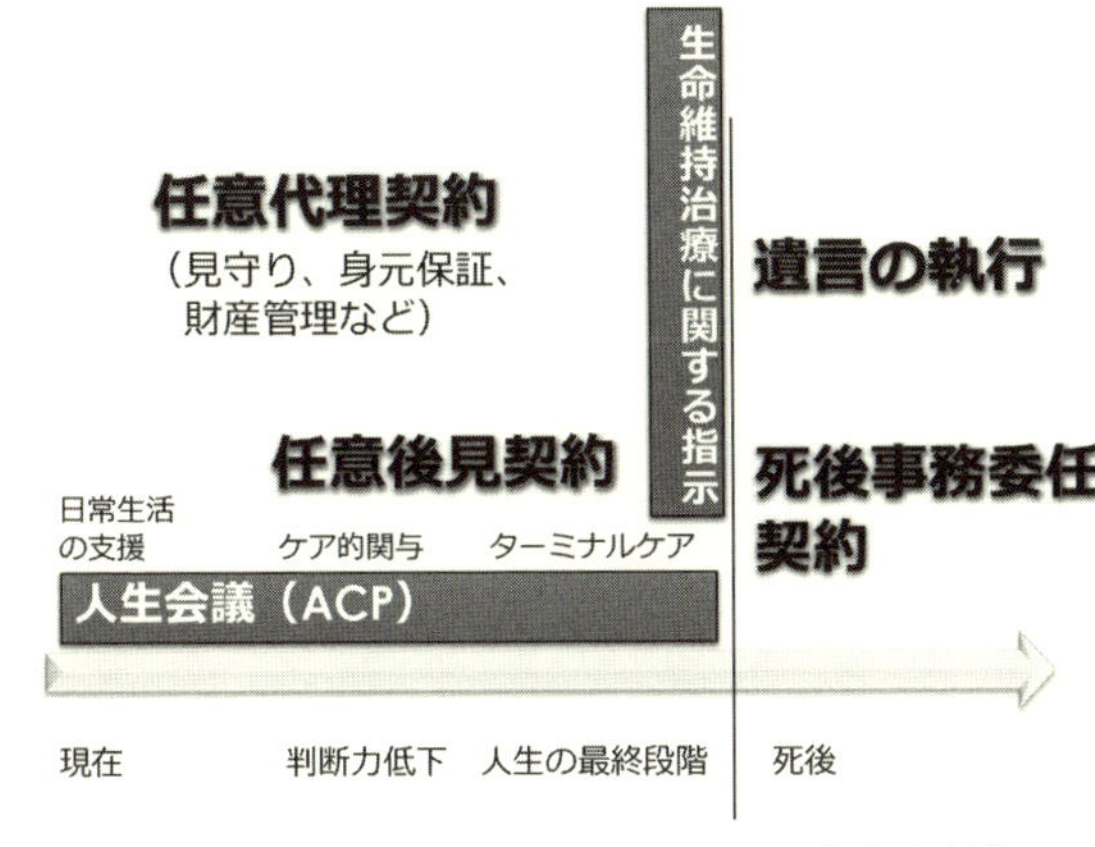

図３　ライフエンディングステージを支える社会的制度

任意後見契約とは、自身の認知機能が低下して意思表示が難しくなった場合に備え、信頼できる人に「自分が認知症になったらよろしく」とあらかじめ成年後見人を依頼しておくものです。成年後見制度は、介護保険の利用が契約をベースにしていることから「車の両輪」として二〇〇〇年四月、介護保険と同時に導入された重要な制度です。厚労省は「認知症、知的障害、精神障害などの理由で、ひとりで決めることが心配な方々は、財産管理（不動産や預貯金などの管理、遺産分割協議などの相続手続など）や身上保護（介護・福祉サービスの利用契約や施設入所・入院の契約締結、履行状況の確認など）などの法律行為をひとりで行うのがむずかしい場合があります。また、自分に不利益な契約であることがよくわからないままに契約を結んでしまい、悪質商法の被害にあうおそれもあります。このような、ひとりで決めることに不安のある方々を法的に保護し、ご本人の意思を尊重した支援（意思決定支援）を行い、共に考え、地域全体で明るい未来を築いていく。それが成年後見制度です[10]」と説明しています。

任意後見契約を準備しないまま認知症などになって、家族や行政など周囲の人たちが家庭裁判所に法定後見を申し立てた場合、家庭裁判所が選んだ人が後見人に就きます。弁護士や司法書士といった専門職のほか、場合によっては家族・親族やボランティアの市民が選ばれます。相性がよくきちんとした後見人ならよいのですが、たとえ後見人との相性が悪くて交代させたいと思っても不正がなければ交代させることは難しいですし、いったん利用を始めると、判断能力が回復しない限り利用をやめられないといった問題が指摘されています。それならあらかじめ、自分で信頼できる人を選んでおいた方がいいと私は思います。わけのわからない後見人が就かないようにするための一種の「お守り」です。実際に認知症などにならなければ発動されることもありませんから、安心のためにお守りを持っていても損はないでしょう。ちなみに、私も市民後見人をしています。市民後見人は専門職ではない市民が担う一種のボランティアです。同じ地域に暮らしているという以外に縁のない方ですが、家庭裁判所から選任されて後見するのです。

「図3」の生きている間のスペースにはほかに先にもチラリと触れた「人生会議（ACP）」と「生命維持治療に関する指示」の二つを記しました。これらに関しては第三章であらためて詳細を述べますが、「生命維持治療に関する指示」は一般的には「延命治療・延命処置」と呼ばれるものに関する指示を文書にしておくことです。いずれも制度というより手段といった方が適切ですが、意思表示ができなくなった場合に備え、自分が最終的にどのような介護や医療を受けたいのかを示しておくことだと申し上げておきます。ほとんどの人の場合、死を迎える前には意思表示することはできなくなります。意識が混乱する「せん妄」が生じる場合も多いです。だからとても大切な手段なのだ、と。

遺言と死後事務委任契約

死後の部分に記したのは「遺言の執行」と「死後事務委任契約」です。もちろん死んでから準備などできませんから、いずれも生きている間に準備するものですが、実際に「誰か」に実行してもらうのは死後になってからです。

遺言はご存じの通り、自身の死後に財産を誰に贈るかを法律的に有効な形で文書化しておくことです。死後事務委任契約は、死後に発生する様々な手続きをしてもらうことを「誰か」と契約しておきます。葬儀や納骨、賃貸契約や電気・ガス・水道といった契約の解除、遺品整理、パソコンのデータ消去など、それこそ決めておく内容は千差万別。人によってそれぞれになります。

終活は一つにはこうした制度を活用することですが、これだけにとどまるものではありません。たとえば、断捨離で身辺整理する、あるいは「万一」の際に連絡してほしい相手をリストアップしておくといった、制度とは別に自分で準備しておいた方がいいなと思うこともあるでしょう。それも終活です。制度活用ではない、遺されたものへの思いやり行動といえるかもしれません。

「終活って範囲が広いなあ」とか「面倒だなあ」と感じるかもしれません。実際、やみくもに終活に取り組むと「あれもこれも」と追い立てられてしまったり、どうしてよいかわからなくなってしまったりとなりかねません。いろいろな場所で「終活セミナー」が行われているのも、そんな戸惑いを背景にしているからでしょう。では、セミナーに行けば万事解決かといえばそれも違います。士業のセミナーなら制度面に詳しいかもしれませんし、信託銀行主催なら遺言や相続に力点が置かれるでしょう。葬儀社主催ならやはり葬儀や墓のことが中心です。自分たちの事業に関係することがどうしたって話題の中心になることは否めません。つまり自分が何を必要としているのか、どんな点に困っているのかを先に明確にしておかないと、せっかくのセミナーやアドバイスも明後日の方向になってしまいかねません。本書を参考に、自分にとっての悩みや必要なサポートを見極めてください。

(3)「死後事務型」「整理型」「生前型」の終活

介護・医療に取り組みにくさ

さて、終活は大きく分ければ三つのタイプになると申し上げていたのでした。その説明に入ります。まず一つ目は自身の墓や葬儀など弔いにかかわる事柄や、死後の諸手続きに関して可能な限り準備して実行を誰かに託すことです。「死後事務型」と名付けておきます。次が、断捨離など身の回りの物の整理と人間関係の整理、遺言など財産や事業の継承に備えることです。「整理型」と呼ぶことにしましょう。最後が、生きている間のことを対象とする「生前型」です。どのような介護や医療を受けたいか・受けたくないかを考えて言葉や文章で示すことや、任意代理契約・任意後見契約を結ぶことを指します。「死後事務型」と「整理型」「生前型」という三つのタイプそれぞれの特徴を考えていくと、「はじめに」に記したように、終活で本当にすべきことが絞られてきます。

いま多くの雑誌が終活に関する特集を組んでいますよね。見出しを拾うと「相続」「死後事務」「遺産」「葬儀と墓」「断捨離」……。いわば「終活市場」を活用した、主に死後事務型と整理型の終活が目立ちます。こんなデータがあります。

六五歳以上の一人暮らしの男女を対象に「今後起こるかもしれないことへの準備や方法をどの程度考えているか」を終末期医療と葬儀、墓の三つに分けてたずねた調査結果です[11]。「具体的に考えている」と答えた人の割合は、終末期医療については一六・六パーセントに過ぎない一方、葬儀は二八・六パーセント、墓は四二・一パーセントにのぼっています。

また、一人暮らし高齢者を対象に、実際に終活に取り組んでいる人と取り組んでいない人とでは、前者の方が生活満足度が高いことを明らかにした調査があります[12]。この調査で、何を終活と思うかをたずねると、いずれのグループも「物の片付け」「財産の整理や記録」が約七五~九〇パーセントと高い結果でした。「整理型」の終活ですね。一方、「医療について」「介護について」は、終活をしている人たちではいずれも六八・二パーセントと五九・一パーセントが終活として認識しているのに対し、終活していない人たちでは二五・〇パーセントと二〇・〇パーセントにとどまりました。そもそも終活とはあまり認識されていないようです。同時に、終活している人たちでも医療への「取り組みづらさ」を感じる傾向がみられました。

別の調査では、死の準備行動（終活とほぼ同義）をすすめる中で、医療・介護について「将来像を抱くことの困難さ」と「明確に記述することに困難さ」があるといい「老いや病の想像は暗いものとなりがちで、そのために考えることが避けられ、『死の準備行動』も停滞してしまう」と分析しています。そもそも「他者と死に関して話すことは現状では前提とされておらず、むしろそれが難しいからこその『死の準備行動』という構図がうかがえた」というのです。[13] 要するに、医療・介護に関する準備は死を直接的に想起させるからこそ取り組みにくく、他者とも共有が難しいことがうかがえる結果だといえるでしょう。

ほかにも、自身の死を前提に話をし、行動することの難しさを感じさせるデータがあります。「あなたの死が近い場合に受けたい、あるいは受けたくない医療・療養について、家族等や医療介護関係者とどのくらい話し合ったことがあるか」を尋ねたものです。「詳しく話し合っている」は一般国民で二・七パーセントに過ぎず、「一応話し合っている」

まで含めてようやく三九・五パーセント（同じ調査で医師は六〇・六パーセント、看護師五一・八パーセント、介護職員五〇・一パーセント）になります。さらに、自分で意思決定ができなくなったときに備えてどんな医療・療養を受けたい・受けたくないかを書面にしておくことに賛成する人は、一般国民で六六・〇パーセントにのぼるものの、「賛成」の人に実際に書面を作成しているかを問うても、「作成していない」が九一・三パーセントと圧倒的多数でした[14]。

一人では完結できない生前型終活

以上から考えられるのは、死後事務型と整理型は終活の対象として認識されやすく、比較的取り組みやすい一方、生前型の終活は真面目に向き合い、取り組もうとすればハードルが高いということではないでしょうか。それは、生前型の終活は「わたしの死」が否応なく前提されることと、周囲の人たちとの関係性をかなり明確に意識する必要があって、実際に話をしたり相談したりが求められることから一人では完結しにくい活動であることが原因として考えられます。逆にいえば、死後事務型と整理型はそうではない、つまり「わたしの死」を実はそれほど切実なものとして前提しなくとも、一人で完結することができる活動だといえるでしょう。だからこそ意識も行動もしやすいのだ、と。

こんな経験をしたことがあります。葬儀業者を生前に予約しておき、葬儀の式次第まで事細かに指示して亡くなった方がいました。参列者はあらかじめ指示した少数の範囲で、僧侶も呼ばないシンプルな式次第。確かに「その人らしいな」と感じはしましたが、喪主である子どもは戸惑っていました。自分で決めることが何もなかったからです。本当はもう少し「丁寧な」葬儀をして送りたかったと口にしていました。葬儀は確かに亡くなった方が「主役」でしょうが、葬儀を執り行う家族や友人らにとって大切な意味があることはいうまでもありません。親を見送るなら「最後の孝行」と考える人がいるかもしれません。この葬儀の場合、親が準備万端整えていた、つまり一人で完結していたので確かに手間や負担はあまりかかりませんでした。でも、どこか寂しさを感じた喪主の気持ちは理解できます。

自分がいまなにを考え、希望しているのか。どんな生き方をしてきて、何を大切に感じているのか。これからどう生きていくのか。それを生きている間に家族や友人らに伝えること、話をすることがやはり大切なのではないでしょうか。それが「あとはよろしく。あなたの好きなように」と任せられる関係性をつむぐことでもあるように感じます。

「わたしの死」を先送りする?

私たちが行動を起こすとき、大切な要素の一つが情報です。情報によって、いま世の中で何が起き、自分にひきつけた場合、何が求められているのかを考えます。その情報を媒介するメディアの中には死があふれかえっています。映画やテレビドラマ、漫画などで「空想の死」をみたり、ニュースで日々「誰かの死」を見聞きしたりします。でも、それは「わたしの死」ではありません。自分の死は恐ろしいことです。その話題はできれば避けて通りたいのではないでしょうか。少なからぬ人が、健康食品など「体によい食べ物」の情報がメディアで流れれば食し、「健康によい」と聞けば体操や運動に精を出します。メタボ健診で指摘を受ければ、生活習慣病にならないようにと生活を改善しようとするはずです。まるでそうしていれば、「わたしの死」はあたかも先へ先へと追いやり続けることができるかのように、です。

この文脈で考えれば、たとえば自分が最後に眠る場所、遺骨をどこに持って行ってもらうかを考えて準備、行動しているうちは、無意識的にせよ実は「自分がいつか死ぬことはわかっているが、それは先のこと」=「自分はいまはまだ死なない」と、無根拠に信じていられる時期であり、だからこそ取り組めるのだともいえるのではないでしょうか。逆に、死期が差し迫っている状態を考えてみてください。死後事務型や整理型の終活をしようとしたところで、もはや肉体的にも精神的にもかなり難しくなっているはずです。

現実問題として、遺骨は物理的にイメージしやすく、しかもお金を払ってお墓や納骨堂を買うとか、散骨を委託しておくとか、「解決」手段が見えやすいでしょう。同様に葬儀もセレモニーの一つとして分類すれば、多かれ少なかれ他者の「セレモニー」への参加体験があるだけにイメージしやすく、手段がわかりやすいことです。「終活市場」は、こうした死後事務型・整理型への対応を前提とした様々な商品・サービスによって成り立っていますし、大量の広告など情報を流すことで人々に終活への行動を促しているといえるでしょう。

生前型終活こそ最重要

乱暴に言えば、託すべき「誰か」を決めることが前提ではありますが、死後事務型は一定のお金さえあれば、あとはある程度決められたメニューから選ぶだけの問題であり、選択によって「いのち」がどうこうなるわけでもありません（だからする必要がないなどとは決していいません。行動しないよりしたほうが、先述の調査のように生活満足度が高まるといったよいことがあるのは間違いありませんから)。いわば日常の購買行動や経済活動の一環、延長とさえいえます。むしろ逆説的ですが、日常の購買活動の延長であるがゆえに、その活動に夢中になっている間は、死そのものから目を背けていられます。忙しく終活していれば、なんとなく死を遠ざけていられる、直視せずにすむというと言い過ぎでしょうか。整理型も同様です。行動しなければ、残された物の整理に時間をとられて遺族が困ることがあるかもしれませんが、たとえ行動してもしなくても、自分のいのちに直接かかわることではありません。

ですが、生前型終活は違います。まさに「わたしの死」「わたしのいのち」が直接かかわっています。選択によって、生きる時間が長くなることもあれば、短くなることもあります。苦痛が伴ってしまう選択だってありえます。行動した結果、あるいはしなかった結果を自身で否応なく受け止めなければならないのが生前型終活の最大の特徴です。「誰か」に代わってもらうわけにはいきません。自身の死後になって初めて、契約など求めていた動きが発動する死後事務型・整理型とはこの点が大きく、全くと言っていいほど異なっているのです。

もうお判りでしょう。幅広い終活の中で、まず意識的に取り組むべきこととは生前型終活に他なりません。実行が難しいからこそ、意識しなければならないと考えます。

とはいえ、ここで強調しておきますが、死後事務型と整理型を不要だなどと主張しているのでは全くありません。この点は繰り返しておきます。それどころか、集活の観点からみれば実は死後事務型の中にも優先すべきことがあるのです。それは遺言作成です。これだけは他者に任せることができない、自分自身以外には決められないことです（裁判所に決めてもらうという厄介な方法を取れば別ですが……）。それに、遺言作成しておかなければ負担や面倒という言葉では済まない、遺された人たちや社会にまさに迷惑そのものをかけてしまいかねないからです。集活によってつむがれたせっかくの良きつながりや関係性を、自身の死を原因として破壊してしまいかねないのです。詳細は第四章で記しますが、ここでは仲の良かった家族同士が相続協議のこじれで遺産を巡って争う「争族」を一例として挙げておけば十分でしょう。

対話がなければ始まらない

先に「あなたの死が近い場合に受けたい、あるいは受けたくない医療・療養について、家族等や医療介護関係者とどのくらい話し合ったことがあるか」の調査結果を示しました。「詳しく話し合っている」は二・七パーセントだったことを思い出してください。「一応話し合っている」はそれなりの数字でしたが、おそらくは「延命治療はいらない」とだけ簡単に家族らに告げるという、ありがちな会話がこの数字になっているのではないかと推測します。

実は「いらない」とだけいうことは簡単です。でも、これだけでは、延命治療とはいったい何を指すのか判断が難しいのです。心肺蘇生はどんな場合に望むのか望まないのか、気管切開は、人工的水分・栄養補給はどうするか。いちいちすべての想定をすることは極めて難しいですが、それをある程度は考えることが生前型では前提されています。

だからこそ、家族や友人、医療・介護者らと繰り返し話をする「人生会議（ACP）」のように、関係性の中で、周囲に自身の考え方を理解しておいてもらう行動が求められているのです。生前型に取り組むことは、それなりの覚悟や知識を求められるといえるでしょう。先に紹介した調査結果の分析から見ても、生前型の終活が躓いてしまうというのは、ここに原因があるからだと考えます。

家族や友人ら、自身の人生最終盤に深くかかわる人に対し、意思を伝えておかなければ、心の中で思っているだけでは、実行に移されないのも生前型の特色です。死後事務型と整理型は、契約者以外に対しては必ずしも生前に相談する必要はないですし、死後になって意思や契約などが家族らに伝わったとしても、かまわないといえばかまわないのです。でも、生前型は信頼する他者の存在を前提してこそ可能な終活です。だからこそ、つながりや関係性といったものと深くかかわっている、つまり集活が前提されることになります。対話すること、関係性をつむぐこと。やはり詰まるところここに終活の極意は尽きるのです。

(1)この項は雑誌『フューネラルビジネス』(総合ユニコム)二〇二四年七月号、六八―七〇頁への寄稿文を加筆・修正。
(2)厚生労働省 https://www.mhlw.go.jp/stf/seisakunitsuite/bunya/hukushi_kaigo/kaigo_koureisha/chiiki-houkatsu/ 二〇二四年一月五日閲覧
(3)二〇一九年版高齢社会白書
(4)朝日新聞 二〇二四年五月八日朝刊
(5)波平恵美子『日本人の死のかたち 伝統儀礼から靖国まで』二〇〇四年、朝日新聞社、一三頁。
(6)日本総合研究所「令和元年度老人保健事業推進費等補助金 老人保健健康増進等事業 高齢者住まいにおけるACPの推進に関する調査研究事業報告書」(https://www.jri.co.jp/MediaLib

rary/file/column/opinion/detail/20200410_theme72.pdf)

(7) Lynn, Joanne & Adamson, David. "Living well at the end of life: Adapting health care to serious chronic illness in old age". WP-137, CA, Rand Corporation, 2003 を基に日本語にして概略化

(8) https://www.hospat.org/assets/templates/hospat/pdf/tabidachinotoki.pdf

(9) https://www.city.utsunomiya.lg.jp/_res/projects/default_project/_page_/001/004/600/zaitakumitori.pdf

(10) https://guardianship.mhlw.go.jp/ 二〇二四年三月八日閲覧

(11) 内閣府 二〇一四年度「一人暮らし高齢者に関する意識調査」

(12) 木村由香・安藤孝敏「独居高齢者における終活への取り組みと生活満足度との関連」二〇一九年、『技術マネジメント研究』一八巻、一―一七頁。

(13) 木村由香・安藤孝敏「エンディングノート作成にみる高齢者の『死の準備行動』」二〇一五年、『応用老年学』九(一)、四三―五四頁。

(14) 厚生労働省 二〇一七年度「人生の最終段階における医療に関する意識調査」

第三章　人生会議

（1）人生会議とは

五つのステップ

二つのするべき終活のうち、まずは人生会議（ＡＣＰ）から始めましょう。「縦の糸・横の糸」でいえば「横の糸」、特に太い横の糸のつながりを再認識し、つむぐ活動です。人生会議という言葉はまだまだ普及・定着した言葉とはいえませんから、おそらく多くの方が本書で初めて目にするはずです。実は、厚生労働省が人生会議の普及に旗を振っています。国は人生会議について「もしものときのために、あなたが望む医療やケアについて前もって考え、家族等や医療・ケアチームと繰り返し話し合い、共有する取組のことです[1]」と説明しています。正式には「アドバンス・ケア・プランニング（Advance Care Planning）」といいます。国民からACPの愛称を公募し、その中から厚生労働省が選んで、二〇一八年一一月三〇日（この日は、語呂合わせで「いい看取り・看取られの日」とされています）に発表したのが人生会議という名称です。

厚生労働省委託事業として神戸大学が二〇一八年に作成したパンフレット「これからの治療・ケアに関する話し合い－アドバンス・ケア・プランニング－[2]」を参考に、どういうステップを踏んで何を話すことを国が推奨しているかをみておきます。

パンフレットでは五つのステップを設けています。（一）考えてみましょう（二）信頼できる人が誰かを考えてみましょう（三）主治医に質問してみましょう（四）話し合いましょう（五）伝えましょう。

（一）では、自分が「大切にしていることは何か」を考えます。「家族や友人のそばにいること」なのか「仕事や社会的役割が続けられること」なのか、などです。合わせてそう考える理由も考えます。（四）は、「治癒が不可能な病気」になり回復が難しい状態になった時のことを前提します。自分の思いを伝えられなくなった場合にどんな治療を望むか、どこで治療やケアを受けたいかを理由を含めて考え、信頼できる人たちと話し合います。

（五）では、「あなたが望んでいたこととあなたの信頼できる家族や友人の考えが違う時はどうしてほしいですか?」などを考える段階です。そのうえで、「信頼できる家族や友人と話すだけでは十分ではありません。その他の家族や知人、医療・介護従事者にもあなたの希望や考えを伝えておきましょう。あなたの希望がより尊重されやすくなります」と促します。さらに、「気持ちが変わることはよくあること」だとして、その都度、話し合うことを勧める内容になっています。

人生会議の考え方を国が明確にしたのは二〇一八年三月に発表した「人生の最終段階における医療の決定プロセスに関するガイドライン改定版」においてでした。終末期医療に関して国はもともと二〇〇七年にガイドラインを作成し、「患者が医師らから適切な情報提供と説明がなされ、話し合いをした上で決定するのを基本とする」「医師の独断ではなく、医療・ケアチームによって慎重に判断する」などとしていました。改訂版では「医療・ケアチームに介護従事者が含まれる」「心身の状態の変化で意思は変化するものであり、医療・ケアの方針や、どのような生き方を望むかを日頃から繰り返し話し合うこと（＝ACPの取組）が重要」「本人が自らの意思を伝えられない状態になる前に、意思を代弁する、家族や友人ら信頼できる人を決めておく」という点が修正されたのです。本人の自己決定の支援という位置付けです。

ちなみに、人生会議はもともと欧米から入ってきた概念です。日本人は自分の意見を表明することが苦手な人が多いといわれることもあって、二〇二二年には「日本版アドバンス・ケア・プランニングの定義および行動指針」も医療者らによって策定されました[3]。日本ではともすると家族の意思が強く、本人の意思が反映されないことがあるため、医療・ケアチームが積極的に関わり本人の意思が尊重される方向に話し合いが進むようにサポートすることが推奨されています。そして、人生会議は人生の最終段階に限らず成人ならば誰もが対象者だとして「人生を振り返りながら、今後どのような自分でありたいか、どのような生活をしていきたいかを思い描く。そのために、気がかりや心配事は何か、また自分が大切にしていきたいことや支えになるものは何かを考える」「人生の最終段階をどこで、誰と、どのように過ごしたいかを思い描く」など、将来の心づもりをすることを勧めます。そのうえで、継続的に話し合い、可能なら心づもりに関する記録を作成することなどとしています。八三頁の「図4」を参照ください。ご興味あれば、インターネットで「日本版アドバンス・ケア・プランニング」と検索すれば全文を読むことができます。

繰り返し話し合うプロセス

こうした点を踏まえて私なりにまとめなおせば、人生会議とは「最期まで自分らしく生きるために、家族や友人、医療・介護者ら周囲の人たちに自分の価値観や考えを共有してもらい、意思表示できなくなった本人に代わっていざというとき治療やケアについて考え、決断をする助けとしてもらう。そのために繰り返し話し合うプロセスを大切にすること」です。

人生会議がなぜ「つながり」になると私が考えるのかといえば、信頼する人たちに自分の価値観を共有してもらうことが目的だからにほかなりません。信頼する人は誰なのかに思いを馳せる。自分で意思表示が困難になった場合、自分に代わって意思を代弁してもらう「意思推定者」である「誰か」を具体的に想定するからです。そもそもの大前提が他者との関係性なのです。具体的には配偶者やパートナー、子どもやきょうだい、友人らであり、何も一人に限るものではありません。それに「自分のことをわかってくれている人」あるいは「わかろうとしてくれる人」がいると思えることは、病に苦しみ死に向き合う本人にとって、苦しみを和らげるうえで大切な支えになるはずです。この「わかっている人・わかろうとする人」とは、対話をして自分の話を聴いてくれる人以外にはまずありえないでしょう。つまり人生会議の相手です。そうした意味でも繰り返し話をするというか、聴いてもらうことの意義は大きいと思うのです。

「死や病気を前提に考えるのはつらいし、それを他者と共有するなんて難しい」と思われるかもしれません。人によってはそれが辛い経験になってしまうこともあるでしょうから無理にとはもちろん言いません。でも、本書を手に取っている方ならおそらく話し合い自体を頭から否定することはないと思います。それに、何かを無理に決める必要など実はないのではないでしょうか。むしろ「話をすること」に重点があると思っています。

私たちは日々、いろいろなことを考えて選択しています。「今日の昼ごはんはカレーにしようか、ラーメンにしようか」「洗濯物を外干ししてもいいかな、危ないかな」「冬休みには温泉に行こうか、思い切って海外旅行にしようか」……。一人で考えて行動することもあるでしょうし、周りの人に相談して決めることもあるでしょう。あるいは、他者と話をして自分が思っていたこととは全く別の行動をしたり、そもそも話をするだけで決めないでおいたりということもたくさんあるでしょう。「子どもに将来、どんな教育を受けさせようか」「どんな人と結婚したいか」と話を始めて、そこで「では、こうした方向・方針で決定！　以後はこの方針に従うように」なんていうことはあまりないはずです。ただ

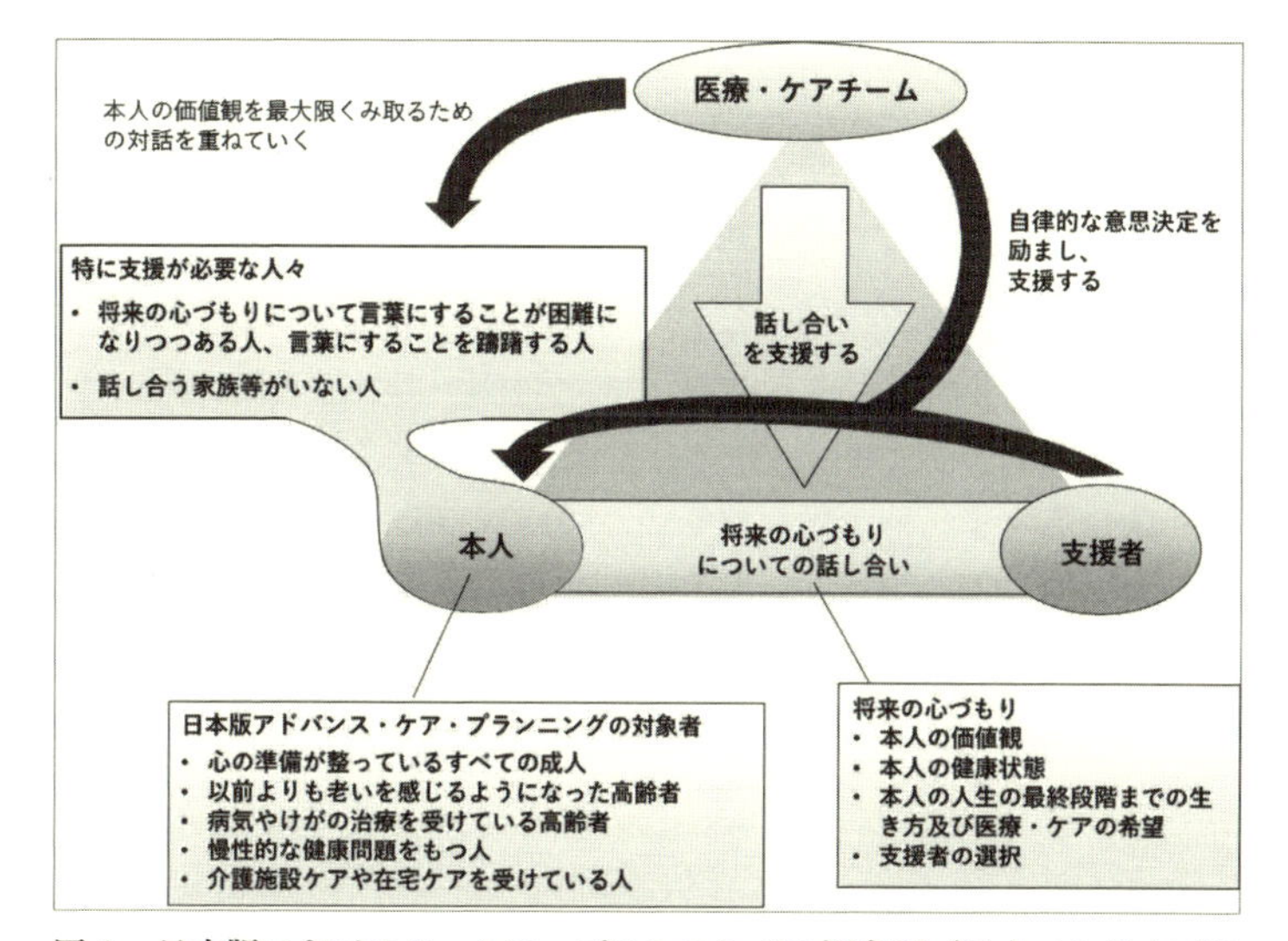

図４　日本版アドバンス・ケア・プランニングの概念図（日本エンドオブライフケア学会誌「Journal of Japan Society for End-of-Life Care」Vol. 7, No. 1 2023　3頁より）

話をするだけ。そのことで徐々に自分自身も周囲の人たちもなんとなく思いや価値観を共有し、行動しているのではないでしょうか。

その延長線上にあるのが人生会議です。死や病気を前提にすると、それ自体は辛いかもしれません。でも、同時に自分が生きてきた歩み、大切にしてきたものや価値観などいわば人生に思いを馳せる機会にもなるはずです。医療や介護に関する専門知識が豊富で、しかも自分で決めることに大きな価値を感じる方なら別でしょうが、何も全員が全員、「こうした時には延命処置は不要」「介護施設には絶対に入れないで自宅でみて」などとかっちり決める必要はありません（もちろん、決められるならそれはそれで大切でしょうが……）。その時、心に浮かんだ言葉を家族や周囲の人たちと共有するだけでいいと思うのです。人の考えや思い、価値観なんて案外、簡単に変わっていきます。だから、あくまで話している時点での思いを共有しておくだけで十分。それだからこそ「繰り返し」というキーワードが盛り込まれているのです。

決めなくてもいい

実は人生会議という愛称を発表した際、国はお笑い芸人の小藪千豊さんを起用して、人生会議の普及啓発用ポスターを作成していました。ところがその内容が、死を目前にした人が人生を悔いるという視点でつくられており、「脅迫的」といった批判が患者団体などから寄せられてポスターは結局、配布されませんでした。もしかしたらそのニュースのことを覚えていらっしゃるかもしれません。その際、介護・医療の現場で働く人たちを中心に「人生会議勝手にポスター」という動きがネットで広がりをみせました。[4] どうしたら最期まで生き生きと生きられるかに重点を置いて「決めなくてもいい。いっぱい話をしよう」というコンセプトのポスターが、まさに勝手にいくつもつくられて流通しました。その中から一つのポスターを少々長いですが引用してみます。おそらく、「いっぱい話をしよう」という言葉の意味を感じ取っていただけることと思います。

それは、肺がんで亡くなった男性とその家族のエピソードをもとに、人生会議の愛称選考委員でもあった医師・紅谷浩之さんが作成したポスターです。[5] オートバイにまたがる男性の写真を背景に、亡くなる直前に娘のソフトボールの試合を応援した思い出を紹介し、家族の思いをつづっています。こんな文章です。

どこで死にたいか、病気になった時どうしたいか。
そんな話ばかりしなくてもいい。
何が好きか、何を大切にしているのか。
決めなくてもいいから、いっぱい話をしよう。
四七歳で見つかったステージ四の肺がん。
根本的な治療は難しい段階だった。
病気の苦しみは本人からも自分らしさを奪う。

大切にしていた娘のソフトボールの試合の応援。
もう無理かな……。
あなたを知るみんなと一緒に、迷いながら選んで進む。
体の調子だけをみていたら、行かない方がいい。
でも、彼らしさを共有したら、行かないのはありえない。
そう思えた。
行けるさ、行こう。家族みんな一緒だった。
たくさん話し、迷った先にみんなで出した答え。
四番ピッチャーの娘は大活躍。無失点でのコールド勝ち。
ナイスピッチング！
勝利を喜ぶ笑顔と大きな声は病気の重さを少しも感じさせなかった。
人はいつどんな時でも、誰かの力になれる。
試合の翌日、自宅に戻り息を引き取った。
旅立って五年。娘は地元開催の国体で県代表のエースになった。
お父さんはきっと言ってくれると思う。ナイスピッチングって。

決めなくてもいいから、いっぱい話をしよう。
こんなとき、私は、あの人はどんな選択をするだろう。
繰り返す
話し合いの先には
きっとみんなで
うなづける
未来がある
「人生会議」しよう。

どうでしょう？　「こういう場合は選択肢AとBのうちAにする」といったように全てを黒か白かであらかじめ割り切るのではなく、どちらの色とも言えない「あわい」をお互いに共有する場と言い換えてもいいかもしれません。そして、話す内容も人生最後の場面設定をした話だけではないことに気づくはずです。「いっぱい話をする」こと。そこから、大切にしていることや考え、価値観を共有することこそが肝なのです。ちなみに、紅谷さんは「話ができない本人」——たとえば生まれながらの難病で言葉が話せない子ども——

であっても、家族や友人、医療関係者らが本人を囲んで話し合うことに意味があると私の取材に対して答えています。目の前に本人が「いる」というだけでも、本人のことを思い、本人ならどうしたいかを深く考える契機になりえます。いわば「心の声」を聴く。そのことが大事だというのです。

国の思惑は医療費削減？

こうした考え方はいささかナイーブだという批判もあるでしょう。人生会議を普及させたいとする国側には、自己決定の尊重という美しい言葉の裏に、おそらく医療費を減らしたいという思惑もあるはずですから（もちろん、それが目的だなどとは国は一切主張していません）。なぜそう申し上げるのかといえば、人生会議をした結果として、医療費を使う期間を短縮する方向に働く場合が多いだろうと考えるからです。終末期医療の効率化と言い換えてもいいかもしれません。そんな冷徹な現実的思惑に対し、関係性をつむぐとか、心の声を聴くなどという言葉は、いかにもナイーブと感じられてしまうのかもしれません。

なぜ医療費削減の方向に働くと考えるのかといえば、「最後の介護・医療」について家族と話をする場面を想像してみてください。多くの場合「延命治療なんかいらない」「苦しみは長引かせないで」といった一言で会話が終わることになるのではないでしょうか。

まず、それ以上詳しく医療行為を指定すること自体が一般には難しいというのがその理由です。延命治療という言葉は実は極めてあいまいです。屁理屈をいえば、あらゆる治療はある意味、延命治療だといえないこともありません。治癒・回復の見込みがない治療を延命治療というのなら、医療の進歩によってその範囲もどんどん変化しています。「こういう状況ならこうしてほしい」と事細かく決めておくのが難しいとなれば、どうしてもざっくりとした言い方、つまり「いらない」という言い方になりがちです。そして事前の指示がない、あるいは本人の意思がわからなければ、医療者はできる限りの処置をと考えるのは当然です。つまりその分の医療費がかかることになります。そこの部分を「本人が希望していないのだから」と減らせる可能性があるのです。

それに延命治療という言葉の冠として、たとえ無意識にではあってもお約束のように――まるで「販売中」の前には「好評」が、「上映中」の前には「絶賛」が必ずといっていいほど置かれるように――使われる言葉があります。「無駄な」という形容詞です。これがあることが、「いらない」という言葉が出てくるもう一つの理由として考えられます。資本主義的合理性が幅を利かし、「無駄は悪」という価値観が無意識レベルで刷り込まれている人が多いのが現代という時代です。「無駄な治療＝不要」と即答するのはある意味、当たり前なのです。「無駄なことにお金や時間を使わせてしまうのは迷惑だ。迷惑はかけたくない」という思いが多くの人にあるでしょうから。

なお、治療による治癒・回復を医療の目的とする限り、人生最終段階での医療に対して無駄という言葉を使うのは合理的なのかもしれませんが、私は違和感を覚えます。よくいわれることですが、医療の目的が治癒・回復だけだとすれば医療は最終的には必ず敗北が義務付けられた徒労の行為となってしまいます。医療者にも医療を受ける側にも不幸な物言いだと思えてなりません。本人や家族にとっての意味・意義を重視すれば、「無駄」という言葉は軽々には出てこないと思うし、出すべきではないと思うのです。

医療費削減という「お上」の思惑は思惑として、制度はうまく活用することだってできるはずです。中国語に「上有政策、下有対策」という言葉があります。お上が政策を出してくれれば、その狙いはともかくとして、民にはそれをうまく逃れたり活用したりする対策がある、といったニュアンスです。私は人生会議をそんなふうに、自分たちのために活用できれば、と考えます。

（2）人生会議の方法

参考になるパンフレットも

「人間関係や人生を思い、繰り返し話をすることが大切だということはわかった。日常のコミュニケーションが重要だということも理解する。でも、実際に人生最後を視野に入れた話をする必要もあるわけだよね？　それは具体的にどうすればいいのだ？」という疑問が出てくると思います。もちろん、これが絶対だという方法はありませんし、身体状況――たとえば余命半年など具体的な場面と、まだまだ病気もなく元気な状態――によっても異なります。妙な言い方ですが、死を本気で意識しなければならない場面であれば、必然的に医療者や介護者らも加えて具体的な場面を想定した話をする必要があるでしょう。この最期に近い段階になれば、緩和ケアチームなど専門家が話し合いのサポートをしてくれるはずです。というか、いざという時に支えてくれるそんなチームをつくるのも「集活」の目的の一つだといえるでしょう。

まだ元気なうちに話をするとすれば、やはりタイミングを見計らうのが大切だと思います。友人や親族が入院したり亡くなったりしたとき。あるいは、テレビなどで介護や看取りに関する話題があったとき。要は自然な話の流れとして死を前提とした話ができる雰囲気を見計らってはいかがでしょう。いきなり死を話題にするのが難しければ、もしもけがをしたら、病気になったらというレベルの話でもいいのではないでしょうか。

具体的に人生会議をどう進めるのかについては、先ほどのパンフレットが医療の場面をかなり意識したものになっています。それ以外にも東京都が作成した「わたしの思い手帳」が役立ちそうです。ネットから入手可能です。[6] 知っておきたい医療や介護の用語の説明や、話し合いでありがちな場面——たとえば、急変時に家族の間で意見が食い違う場合、エンディングノートに書かれていることを必ず実行する必要があるのか。認知症の親との話し合いが難しい場合にはどうするか、など——のアドバイスもあります。また、「どんなふうに医療現場で人生会議が活用されるのか」に関心があれば、たとえば日本老年医学会が作成している事例[7]などをご覧いただければと思います。

家族の歴史ノート作成

本書では「余命」をそこまで強く意識しない段階、つまりまだ本書を読める元気なうちを前提した上で、「自分の思い」を自覚することと、対話するためのきっかけづくりとして私が考える方法を紹介します。

まだ元気なうちですから、まずは思い出を共有してみませんか。その過程が人生会議になります。特に子どもや孫がいるなら「家族の歴史ノート」を作るという具体的な目標を立てます。スタートはたとえば結婚した年として、そこから一年ごとに年表形式で「長女誕生」とか「転職した」「長男小学校入学」「怪我をして入院」など、思い出せることをノートに書き記します。一人で作業するのではなく、家族で集まって「あのときは大変だった」「とても嬉しい出来事だった」などとみんなで話をしながら書き込むことが大切です。写真があれば一層、話は弾むでしょう。その過程でご自分の価値観や大切にしていたことは自ずと浮き彫りになるでしょうし、「これから」のことを話すきっかけにもなります。明るく前向きに、自然と対話ができるはずです。

マイライフアルバム

「家族がいない」「子どもはすでに成人しているし、孫もいないからそんな作業はしにくい。まずは一人で考えてみたい」ということでしたら、自分自身の「マイライフアルバム」を作成してみませんか。

これまでに撮影した写真がお手元にたくさんあるはずです。その中から自分が写ったものを使います。子どもの頃、学生時代、旅行で楽しそうにしている姿、仕事をしている時の様子など、思い出を呼び起こすと同時に自分が「輝いている」「生き生きしている」「自分らしいなあ」と感じた写真を選びます。直感でかまいません。二〇枚〜三〇枚程度に絞ってプリントした写真を、持ち運びできる大きさのアルバムにして、一枚ごとに思い出を付記します。これで完成です。

作成の過程で、いろいろな人と出会ったことを再認識しながら、自分自身が何を考え、大切にしてきたかを考えることになりますし、もう一つ実用的な利点もあります。たとえば将来、介護施設に入るといった場合、多くの荷物を持っていくことはできません。このアルバムは数少ない持参すべき物になります。たとえ自分の意思をうまく表明できない状態になっても、アルバムが自分に代わって自分の人生を「語って」くれます。「寝たきりの老人」「病人」「認知症の人」といった「記号」ではなく、人生を歩む中でさまざまなできごとに出会って泣いたり笑ったりしながら過ごしてきた人格ある一人の人間なのだと、アルバムが周囲の人たちに示してくれるのです。

というのも、私自身、ある認知症の高齢者を市民後見人として後見した経験で感じたことがあるからです。介護施設に持参した数少ない持ち物の中にこの方の若い頃のアルバムがありました。それを手に取ったとき、当たり前ですがこの方にも人生があったことを頭ではなく感情として理解できたのです。一人の人格としてその方に向き合う「深さ」みたいなものが変わった気がします。また、私の名前は憶えてくれなくても、アルバムを開きながら思い出を尋ねると昔のことは憶えているものです。時には笑顔を見せて話をしてくれました。ご本人の考えや思いを知る縁にもなったと思います。マイライフアルバムは、医療者や介護者との人生会議に役立つに違いありません。

あと二四時間しか生きられないとしたら

ほかに大切な方法は「想像」です。よく「あと二四時間しか生きられないとしたらあなたは何をしますか」といった思考実験がありますよね。「二四時間が経つまでは頭はクリアに働くし、身体も元気に動かせる」という実際にはほぼありえない条件ではありますが、あくまで思考実験です。ちなみに、間瀬元朗さんの漫画『イキガミ』（小学館）は、まさにこの思考実験を作品化しています。国民に生命の価値を認識させることを目的とした

「国家繁栄維持法」の下、小学校入学時に接種されたナノカプセルによって、一〇〇〇人に一人が一八歳から二四歳の間にあらかじめ設定された時刻に亡くなることが決まっている国の物語です。死亡時刻を本人に通告する「死亡予告証（イキガミ）」が届くのが二四時間前という設定で、受け取った若者が何を考え、どんな行動を取るのかがストーリーの中心です。小説家、星新一さんの作品との類似性が指摘されて話題になったり、映画にもなったりしたのでご存じかもしれません。

閑話休題。ここで少し時間を取って、実際に想像して考えてみてください。

「あと二四時間しか生きられないとしたらあなたは何をしますか」。二四時間だとあまりに現実的でないと思ったら、「あと一年しか生きられないとしたら」でもかまいません。

次の文章まで間を空けますね。

さて、どんなことを思い浮べたでしょうか？　一通り考えたら、今度は家族や親しい友人に「私があと二四時間しか生きられないとしたら、あなたは私に何を望む、どうして欲しい？」と尋ねてみて欲しいのです。その結果、ご自分が考えていた行動が相手の思いと合致しているかがポイントです。

おそらく多くの方は「家族・友人に会って思い出を話し、感謝の意を表す」という類のことをメインに思い浮かべるでしょうし、相手の方も同じように話してくれるのではないかと想像します。ですが、それ以外の言葉には、もしかしたらご自分では思ってもいなかった点があるかもしれません。たとえば「スマホのパスワードを教えて」とか「誰に連絡して欲しいか連絡先を残しておいて」などといった具体的な言葉です。それはまさに遺族となる人があなたに望んでいる終活の内容のはずです。私の主張する「するべき二つの終活」に加え、「した方がよい終活リスト」に載せて向き合っていただきたいと思います。また、もしもお互いの考えに何かズレがあるなと感じたとしたら、それはなぜか、どこに理由があるのかを考えて話をすることがまさに人生会議になるはずです。

「もしバナカード」「四一四カード」

意図的に死を意識させて考えることを促すツールもいろいろと開発されています。それを利用することも話を始めるための方法です。家族・友人らと一緒に利用できればいうことありませんが、まずご自分一人でも利用してみて、体験した内容や感想をとっかかりとして対話するのもよいかもしれません。

たとえば、死生観をテーマに開発されたカード「もしバナゲーム」や「四一四カード」は有名です。福祉の現場や、死について語り合おうとNPOが開く場などでこれらを使った体験会が開かれていますし、購入も可能です。

「もしバナゲーム」はこうしたカードの草分けです。亀田総合病院（千葉県鴨川市）の医師が、米国で開発されたカードを翻訳して二〇一五年に制作しました。「家族と一緒に過ごす」「機器につながれていない」「痛みがない」など、人生最終盤に大切と思われる価値観について書かれた三六枚のカードを使います。ルールは参加人数によっても異なりますが、自分が大切だと考える価値観のカードを手元に残し、なぜそれを残したかを考え、最後に他のメンバーに説明するのが基本です。

「四一四カード」は二〇二一年、がん患者と家族へのサポート活動をしているNPO法人幸ハウス（東京・千代田区）が制作しました。「大切な人が私の死を覚悟している」「人として大切にされる」「いい人生だったと思う」など、自分の死を見据えて大切にしたいと思うであろう言葉が四七枚のカード表面に記されています。更にそれぞれの裏面に「どうしたら大切な人が私の死を覚悟できると思いますか?」「あなたが人として大切にされていないと感じることはなんですか?」「あなたにとってのいい人生とはどのような人生ですか?」など、表の言葉についてより深く考えるための質問がある点が特徴です。

自分が大切にしたい項目のカードを選んで裏面の質問について考え、語るのが基本の使い方ですが、一人でも使えます。また、四七枚の中に適切な言葉がないと感じた時に使う「自分の言葉で大切にしたいことを表現できるカード」と、自分の思いを言葉にできない・したくないとき用に「こころにとどめておきたいカード」も付け、無理に周囲に合わせる必要がないよう配慮もされています。

たとえば「最後は自宅で過ごしたい」という思いだけでは、「うちは子どもが共働きでお昼に誰もいないから無理」で終わってしまうかもしれませんが、なぜ自宅がいいのかまで会話を深めていくと「家族や大切な人のそばにいたいから」とか「時間の制限なく、食べたいときに食べられるから」といった理由が浮き彫りになるかもしれません。そうなれば「自宅は難しいけど、あの病院や施設でなら願いを叶えることは可能かも」と、できることが広がる可能性があるのがこのカードの使い方だと開発者は私の取材に答えています。

私も実際にいずれのカードも使っていますが、使う時期が異なると、つまり人生で変化

（たとえば病気をしたとか、子どもが独立したとか）があった際に使うと、選ぶカードや選ぶ理由が以前とは違ってくることに驚かされます。その変化こそが、まさに繰り返して話すことの大切さを思い起こさせてくれます。

死の体験旅行

あとはカードではなく、体験の場として「死の体験旅行」を紹介しておきます。病気になってから死を迎えるまでを疑似体験することで、自分にとって大切なものは何かを考えるワークショップです。ご参考までに、全国での開催予定カレンダー(8)もあります。

ワークはこんなふうに進みます。二〇人ほどの参加者は壁に向かって着席します。配られた名刺サイズのカード二〇枚に、自分が大事にしているものや大切な人の名前、記憶や場所などを一枚につき一つずつ書きます。書き終えると、照明が薄暗くなり、静かなBGMが流れます。主催者が「目を閉じたまま私が話す物語に耳を傾けてください。あなた自身の物語です」と説明し、病に侵され、病状が悪化して死を迎えるまでを淡々と話していきます。

その途中途中で、「あなたの人生で大切なものを一つ失います」と言われ、参加者はその都度手元のカードから一枚、また一枚と悩みながら手放していく。病状が悪化し、最後には手元に残るカードは一枚だけになります。私も体験しましたが、暗がりの中で自分自身と対話するような作業を繰り返すうちに、本当に「喪失」体験をしているような気持になり最後の方はかなり苦しい気持ちがします。その後、参加者同士が五人ほどのグループに分かれ、最後の一枚に何を、なぜ残したのかを語り合います。

このワークショップを中心になって主宰しているのは、横浜市神奈川区のお寺「倶生山慈陽院なごみ庵」（浄土真宗単立）の住職、浦上哲也さんです。浦上さんは「最後に何を残すにせよ、大切なもの、その存在が自分のもとにいまあることに気づいてもらう。それによって、生に向き合ってもらうことが一番大切だと思っています」と私の取材に答えています。

（3）事前指示書について

あった方がいいことは確か

一通り人生会議について説明しましたが、関連して触れておきたいのが「事前指示書」

です。終活に関心のある方でしたら、「事前指示書があれば人生会議なんて不要では？」と思われているかもしれません。エンディングノートなどに「リビング・ウィル」として、たとえば「胃ろうが必要だと診断されても、胃ろうはしないでほしい」とか「肺炎になったらもう抗生物質は使わずにそのまま死なせて」などと、判断力のあるうちに人生最終段階の医療やケアについて自身の希望を文章として残しておくことです。命の危険が迫った状態になると、ほとんどの人が医療やケアのことを自分で決めたり、望みを伝えたりすることができなくなります。そんな事態に備えて普及してきたのが事前指示書です。

確かに、事前指示書は無いよりあった方がいいことは事実です。人生会議の結果、ある程度具体的に考えたり決めたりしたことがあれば、「その時点」での意思として書き記しておけば、万一のときの参考になります。もちろん、書き換えはいつでも。人生会議の都度、あるいはご自身の考え方に変化があれば書き換えればいいのです。

事前指示書の弱点とは

でも、事前指示書にはいくつか弱点があります。それを踏まえておく必要があります。

先述したガイドライン改訂で国は「本人の意思は変化しうるものであり、医療・ケアの方針についての話し合いは繰り返すことが重要であることを強調すること」が目的の一つとして挙げていました。自己決定は常に揺らぐという前提に立ったものだといえます。それが弱点の一つです。

主な弱点として、生命倫理学者の松田純さんは以下の六つをあげています。[9] ①執筆は自己決定できるが、実行は自己決定できない②事前指示書によって、過去の決定が将来の扱いを拘束する③指示内容が曖昧であると、実行できない④いざというときそこにない⑤法的に制度化されることによって生じる社会的プレッシャー⑥本人が認知症になった場合、症状が進行する前の意思が尊重されるのか、それとも現在の意思が尊重されるのか？

説明は不要かもしれませんが、④は事前指示書を常に携帯していることはあまりないので、判断が必要な場面で書面がその場にあるとは限らないことを指しています。⑤はもし事前指示書が法制化されると、それが有形無形の圧力となってしまうことを危惧しています。たとえばALSのような進行性の難病患者に事前指示書を求めることは、時には「早く死ぬ準備を」といった脅迫的な意味にとられてしまいかねません。⑥は特に難しい問題です。認知症になって文字での表現がうまくできなくなったからといって、感情がなくなるわけでも判断が全くできなくなるわけでもありません。自己決定は常に揺らぐ。そう考えると、認知症になってから口にする言葉と事前指示書に矛盾が生じる可能性があります。そんな時にどう判断するのかは悩ましい問題なのです。

一例として考えると、「心臓が止まったら心肺蘇生処置はしないでそのまま死なせて」と随分以前に事前指示書を書いていた人がいたとします。最近は認知機能が衰えてきましたが、穏やかな日々を過ごし、周囲に「孫の成人式が楽しみ。そこまでは頑張って生きたい」と話すこともありました。その人が突然、心停止したとします。心肺蘇生処置をすれば助かり、以前と同じような生活ができる可能性があると医師は説明します（実際には時間的猶予もなく、心肺蘇生以外に特段の指示がなければ他の治療を行うでしょうし、そもそもこうしたケースに備えて通常は事前に話し合っていると思います。あくまで作成事例です）。本人はその是非を自分で表明・要求することはできない（先ほどの①にあたります）。それでも指示書に従うべきか。随分前に書いた指示書の内容と、いまも本人は同じ考えでいるのか（同②⑥）。そもそもなぜ心配蘇生を拒否したのか、書面だけでは思いがわかりません。

人生会議ではどうして「心肺蘇生処置は不要」なのか、その「思い」の共有を目指します。いわゆる植物状態（遷延性意識障害）を引き合いに「意思表示ができなくなってまで無理に生かさるのは嫌だ」と言っていたとしましょう。この人にとって避けたいのは、

「自分らしさ」が失われた状態で無理に生かされ続ける状態であり、いまなら孫の成人式という生きる目標があるとも考えられます。だとすれば、心肺蘇生処置をすることが必ずしも本人の望みに反するとか、本人のためにならないとは言い切れないかもしれません。周囲が納得したうえで指示書とは異なる決断ができるかもしれません（それが正しい、そうすべきだという意味ではありません）。文章に明示されていない医療行為についても「この人ならこう考えるはず」と判断の手掛かりを得やすくなります。推定意思の尊重をはかることができる、と言い換えてもいいでしょう。

人生会議は魔法の杖ではない

ここまでで「人生会議はよいものかもしれない。使い方次第かな」と、もしも感じていただけたとしたら嬉しいことですが、実際に話し合うという行動にそのままつながることはあまりないと思います。いくら「タバコは身体に悪い」と知識として知ったとしても、そのことで即「禁煙する」という行動にはなかなかつながらないのと同じことです。でも、タバコの害を知らないよりは、禁煙や喫煙本数を減らすといった行動につながる可能性は高まるはずです。人生会議も同じです。知るだけで、知らなかったときよりは行動、つまり他者と話をすることにつながりやすくなると信じています。

　もちろん、人生会議は「魔法の杖」などではありません。現場の医師からも「書類を書くことが目的化してしまう危険性」を心配する声が上がっています。コミュニケーションは終末期だけではなく、本来は日常の診療で丁寧にするべきものですが、いまの医療現場は忙しくて余裕があまりありません。その余裕のなさの裏返しが人生会議という制度的なもの、枠組みを必要としているともいえそうです。

　日本で一九九〇年頃から普及していまや一般化したインフォームド・コンセント（ＩＣ）は、もともと「説明をして、患者の十分な納得と同意を得る」というのが趣旨のはずでした。しかしながら現状ではともすると「納得」の部分がおざなりになって、医師側が「説明はした」と、責任回避の便法にされているケースが見受けられます。人生会議が同じように書類に記入するためのものとなり、他者の価値観や考えを理解しようとする肝心のプロセスが抜けてしまっては意味がありませんし、人と人とのつながりもうまれません。また、日本にはホームドクター制度がないため、いろいろな病院を渡り歩くことができますから、だれが患者の意思を把握しているのか、責任がどこにあるのかがはっきりしないという問題もあります。

すべての人が必ずしも人生会議を望まないこともあるでしょう。やはり死が怖い、考えるのは嫌という人はいます。話し合いを強制すればかえって本人のためにならない場合もあります。自身の考えを大切にするより、周囲の意思を忖度して発言してしまうとすれば人生会議は諸刃の剣になります。家族や信頼できる人たちとの関係性の中で考えを整理していく一体感や安心感がある一方、「家族に迷惑をかけたくない」という言葉に象徴されるように、自身が最期までどう生きていきたいかよりも、周囲が自分にどのような最期を迎えさせたいのかをおもんばかってしまう懸念があるのです。「空気」が物事の決定に大きな影響を与えがちなこの国ではとても心配される点です。

事前指示書や本人の指示に判断を加えることなくただオートマティカルに従うだけなら「これは本人の意思だから」と、言い方としては失礼ですが、家族ら周囲の人は悩まず、いわば無責任なスタンスをとることも可能です。「医療者に全部お任せ」も同様です。でも、人生会議をして本人の価値観や思いを共有するが故に、逆に悩ましさを感じてしまうことはありうると思います。明確な「決め」がなかった点を、どんなに「本人のために最善の選択」と考えて決断しても、やはり常に「本当に最善だったのか」と悩み、後悔することはあるはずです。たとえば「自宅で看取って本当によかったのか。入院させていればまだ生きていたのではないか」「あのとき別の治療を選択した方がよかったのではないか」といった後悔です。どの選択肢にも必ず良いことがあれば悪いこともあります。だとすれば、家族らがどんな選択をしたところで、どこかに後悔の念が生じて自分を責めてしまうことはありえます。これはなにも人生会議に限ったことではないですが、強いていえば課題といえば課題といえるかもしれません。この「後悔」を減らすためにも、本人は周囲の人たちに「完璧な選択なんてありえないけど、あなたが選んでくれることが私にとって一番。安心して」とあらかじめ伝えておくことが大切ではないでしょうか。

日常の対話こそ

このように人生会議にも懸念や課題はあります。でも、それでも、人生会議を活用することで、他者との関係性を結び、維持しながら、よりよい生を過ごせるようになる人は間違いなくいるはずですし、そうした活用をぜひ考えて欲しいのです。そのためには、人生会議は間違っても「死に方」を問うものではないという認識をきっちり社会で共有していく必要があると考えます。特に医療者にその意義と必要性を認識してもらうこと、診療報酬は、患者のために振り向けた対話時間に応じた報酬とするぐらいの誘導があってもよいかもしれません。

また、「空気」に対抗するためには、人生会議のためのコンサル、患者の立場に立ってしっかりとアドバイスできる人の存在があったほうがよいかもしれません。医療者にじっくりと時間をとってもらい説明を受け、質疑することが難しい現実があるからです。気兼ねなく質問し、やり取りできる、コミュニケーション能力が高く、医療知識もある人がサポートを行い、人生会議に関与していく。そんな社会態勢がとれればよいと思います。

繰り返しですが、人生最終盤の医療に限定せず、話し合いを通じて価値観を共有することこそが重要であるという人生会議の原点が揺るがなければ、それは日常のコミュニケーションの中にあることに気づくはずです。「対話」と言ってもいいでしょう。対話は議論やディベートではありません。他者との対話とは「共に問い、考え、語り、聞くこと」[10]です。そうした意味では、社会的に孤立している人をどう包摂して、日常的にコミュニケーションがとれる関係性の輪の中で安心して暮らしてもらえるようにするのか。そんな点に視野は広がります。つまり、包摂のためのきっかけにもなりえます。複数の医師から「人生会議は新しい文化の創造」という言葉を聞きます。新しい文化をどんな姿にしていくのかは、医療者任せにするのではなく、私たち自身にかかっているはずです。そのさい、一つの概念を社会で共有していくことが有用になると考えます。それは「ポジティヴヘルス」です。

（4）ポジティヴヘルス

そもそも「健康」とは？

多くの人はまだ「医療は健康を回復させるもの」だと考えているのではないでしょうか。サラリと書きましたが、そもそも「健康」とは何でしょう。この概念が変わることで、人生会議のような対話の重要性がより鮮明になると考えます。

第一章でも言及しましたが、WHO憲章は「健康とは、病気でないとか、弱っていないということではなく、肉体的にも、精神的にも、そして社会的にも、すべてが満たされた状態にあることをいいます」と健康を定義しています。人は関係性の中で生きているのですから、「社会的」が入っている点はとても意義があります。でも、「すべてが満たされた状態」が健康だとすれば、満たされていない不完全な状態、たとえば心身に障がいがある人はどうなるのでしょう。大きな障がいでなくとも、たとえば私自身も近眼に加えて老眼も始まっているし、喘息の持病や各種アレルギーを抱えていて「満たされた状態」ではありません。高齢社会のいま、慢性疾患や認知症など完全に治すことができない状態の人たちが増えています。極端な話、先ほどの定義を信奉すれば、私を含めてこうした人たちは「もう健康にはならないよね」と見捨てられかねません。まさに「無駄・無益な延命治療」と位置づけられ、「生産性がない」として社会から排除されかねません。

レジリアンスを重視

そうした健康定義に疑問をもった、オランダの医師、マフトルド・ヒューバーさんらが二〇一一年に提唱したのが「ポジティヴヘルス」というコンセプトです。[11]「社会的・身体的・感情的問題に直面したときに適応し、みずから管理する能力としての健康」と訳されます。[12]疾患などさまざまな問題を抱えていても、それに対処して乗り越えていく「立ち直り、復元力（レジリアンス）」を重視した、健康を静止状態ではなく動的な「能力」ととらえる考え方といえます。

具体的には「身体的機能」「メンタルウェルビーイング」「生きがい」「生活の質」「社会参加」「日常機能」の六つの次元で構成されています。それぞれに関してどんな状態かを自分自身で判断するための指標があります。たとえば「体調」「睡眠」「記憶力」「コミュニケーション力」「生きる意欲」「学び続ける」「幸福感」「生活を賄える経済力」「帰属感」「金銭管理」などです。まず本人が自身の状態をどのように認識して、いま何をしたいのか、何が必要かを考えることから始め、医療者ら周囲は対話を通じて本人と一緒に必要なことを明らかにし、その実現を支えるのだといいます[13]。

だれもが歳をとり、いつかは心身が衰えていきます。それでも生きがいや目標をみつけて生きていきます。固定的で静的な健康定義ではない、ポジティヴヘルスの動的な考え方、他者との関わり方に立てば、医療の目的は必ずしも常に「完治」にあるのではなく、人々の生きがいや目標を阻むものがあればそれを取り除く手伝いをすることが肝心と考えることができます。

たとえば疼痛があればそれを緩和し、精神的・スピリチュアルな不安や悩みがあれば対話などによって気持ちを落ち着けるための支えとなり、介助のための機器で必要なものがあれば調達・開発して支えていくことになります。そして、こうしたことはなにも医療者に限らず、本人とつながる様々な他者がそれぞれの立場・役割でできることに関与する余地を与えてくれるのではないでしょうか。

自立とは依存先を増やすこと

人は一人では生きられません。自律・自立は、他者からの支えがあって初めて成り立ちます。脳性麻痺のため手足が不自由な、東京大学先端科学技術研究センター教授・熊谷晋一郎さんが様々な場で発信している言葉に「自立とは依存先を増やしていくこと」というものがあります[14]。たとえば、手足が不自由な障がい者にとってトイレは問題の一つです。もしも利用できるトイレが至る所にあれば、トイレの世話をしてくれる家族など特定の人に依存しきる必要がなくなります。特定の依存先に頼らないで済むようになれば行動範囲は広がるでしょうし、気兼ねもなくなります。この言葉は、障がい者本人に対して「自助努力でなんとか依存先を増すべきだ」という意味ではなく、社会や周囲の人たちの側こそが、依存先を選択できるように本人に対してたくさん提供していく必要があるという意味で用いています。

老いていくということは、いってみれば徐々に障がいを抱え込んでいく過程のようなものです。緩和ケアや介護が決して「敗戦処理」などではなく、本人のレジリアンスを支えるための関与であり、人が人として生きるうえで当たり前の支え合いの一つだと位置付けること。そうした考え方が医療や介護の現場で当たり前のものになれば、人生の最終盤を社会が支えることはごくごく当然のことになります。自己責任ばかりが強調され、他者に迷惑をかけないことが自律・自立だととらえられているこの社会で、自律・自立のためにこそ支え合うことが重要なのだという考え方への転換は、極めて大きな意味があるのではないでしょうか。コンパッション社会への道標です。ポジティヴヘルス概念は高齢期だけではなく、たとえば「ひきこもり」など社会的孤立に対して向き合うためにも、力強くもやさしい根拠になっていくはずです。その具体的な方法論の一つが対話、すなわち人生最終盤に限らない意味での人生会議だと思うのです。

(1)https://www.mhlw.go.jp/stf/newpage_02783.html　二〇二四年二月二八日閲覧
(2)https://www.mhlw.go.jp/file/05-Shingikai-10801000-Iseikyoku-Soumuka/0000189051.pdf　二〇二四年三月一七日閲覧
(3)日本エンドオブライフケア学会誌「Journal of Japan Society for End-of-Life Care」Vol. 7, No. 1 2023　二一―七頁。
(4)https://www.tokyo-np.co.jp/article/18333　二〇二四年三月一二日閲覧
(5)https://www.nikkei.com/article/DGXMZO53394890W9A211C1CR0000/　二〇二四年三月一二

日閲覧

(6) https://www.hokeniryo.metro.tokyo.lg.jp/iryo/iryo_hoken/zaitakuryouyou/acp_booklet.files/acp_booklet.pdf　二〇二四年三月一二日閲覧

(7) https://www.jpn-geriat-soc.or.jp/proposal/acp_example.html　二〇二四年三月一二日閲覧

(8) https://bvld.info/　二〇二四年三月一七日閲覧

(9) 松田純『安楽死・尊厳死の現在　最終段階の医療と自己決定』二〇一八年、中公新書。

(10) 梶谷真司『考えるとはどういうことか　〇歳から一〇〇歳までの哲学入門』二〇一八年、幻冬舎新書。

(11) ヒューバーらはこの概念普及をはかる非営利法人を立ち上げています。https://www.iph.nl/kennisbank/　二〇二四年三月一八日閲覧

(12) シャボットあかね『オランダ発　ポジティヴヘルス　地域包括ケアの未来を拓く』(二〇一八年、日本評論社、一三頁)。なお、定義ではなくコンセプトであるとヒューバーは繰り返し強調しているという。

(13) 同書、一九―三五頁。

(14) たとえば　https://www.ibm.com/blogs/think/jp-ja/mugendai-8758-interview-tojisha-kenkyu/ など　二〇二四年三月二三日閲覧

第四章　遺言作成

(1) 人生最後のメッセージ

遺された人同士のつながりを

「するべき二つの終活」のもう一つが、最後に残る財産の行方を決めておくことでした。遺言作成がオーソドックスですが、ほかに信託を利用する方法もあります。「家族信託」という言葉を見聞きしたことがあるかもしれません。信託は工夫次第でいろいろな使い方ができて利点も多いのですが、専門性が高く、信託銀行や司法書士らの助力がないと実際には難しい。手数料もそれなりにかかります。もし活用をお考えの場合は、ぜひ専門家にご相談をというアドバイスにとどめ、本書は遺言にフォーカスします。

改めてですが、遺言作成が必要な終活である理由として、死後に家族らに「迷惑」をかけてしまうのと、自分ではなく他者に代わって決めてもらうことができないからだと「はじめに」で申し上げました。でも、それだけが理由ではありません。遺言は、家族や親しい人たちに残す人生最後のメッセージ、言葉の贈り物だからです。

遺産をどのように分け、使ってもらおうとするのかも遺された人たちへの愛情や思いがベースにありますが、それに加えて「付言事項」という文章を残すことができます。感謝の言葉などを記すのです。法的効力はないものの、とても大切な言葉になります。人生最後のラブレターといって良いかもしれません。単に争族を避けるといった否定的なニュアンス、後ろ向きの理由ではなく、遺言には死後も遺された人と、あるいは遺された人同士の「つながり」を醸成できる積極的意味合いがあるのです[1]。

遺言を作成しない方の多くは「自分にはたいした財産がないから関係ない」「うちの家族は仲がいいから心配ない」と言います。でも、それは見通しが甘い、誤解だと断言します。まず迷惑の実態を確認したいと思いますが、その前提として相続がどのようになされるかを概観しておきます。説明の前に、一つだけ質問です。「図5」の場合、相続人（民法で定められた法定相続人）は誰になるか答えられますか？

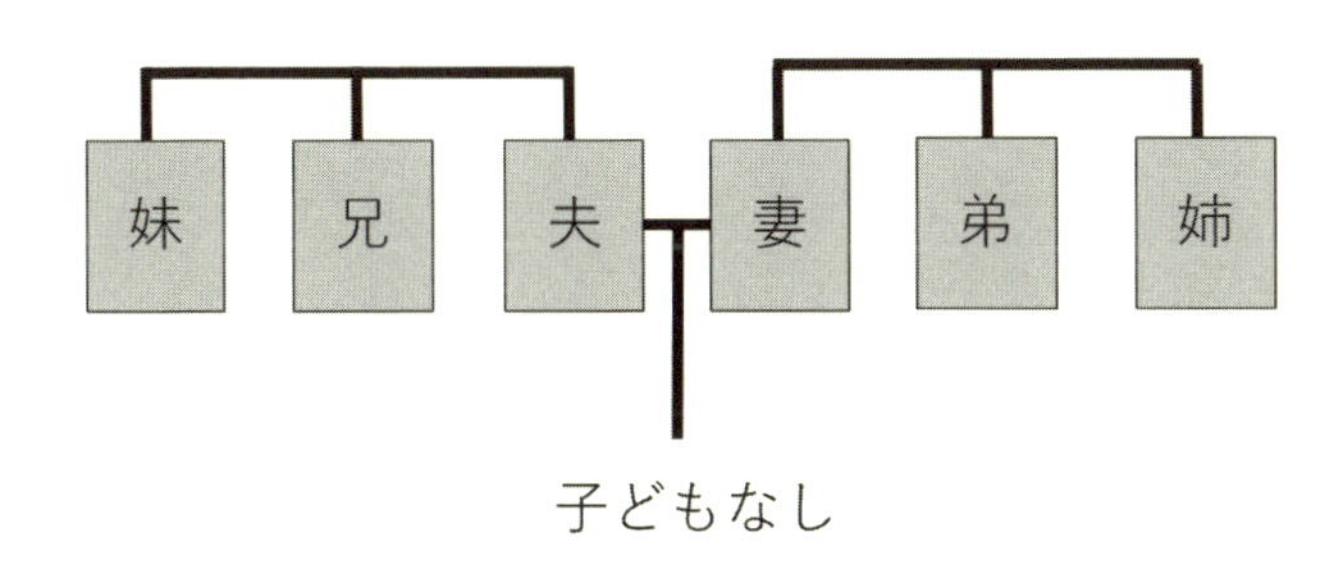

図５　相続人は誰？

お子さんがいない夫婦がいます。夫が遺言を作成しないまま亡くなりました。夫と妻にはそれぞれきょうだいが二人ずついます。夫妻の親は全員亡くなっています。さて、夫の遺産の相続人は？

妻が相続人になることはすぐに理解できるでしょうが、実はこの場合、夫のきょうだい二人も相続人になります。妻とこのきょうだいの日ごろからの関係性がよい、あるいはきょうだいが「よい人たち」で、妻に「私たちは遺産はいらないから」と申し出てくれれば何の問題もありません。ですが、きょうだいが権利を主張すれば遺産の四分の一がきょうだいの法定相続分（遺言がなく、相続人が複数いる場合に目安となる相続割合。必ずしもこの割合でなければならないという意味ではありません。あくまで目安です）になります。日ごろから付き合いがあればまだしも、疎遠な関係であれば「なんであの人たちに……」と妻は内心、穏やかではいられないと思います。でも、こうした事態はありがちではないでしょうか？

きょうだいには「遺留分」（最低限の遺産取得割合を請求する権利。たとえば「遺産のすべてを誰それに」という遺言があったとしても、遺留分の権利がある相続人は「全部はダメ。私の遺留分はきちんとください」と求めることができます。法定相続分とは違います。あくまで権利なので、行使しないことも選択できます）がありません。だから、先ほどのケースの場合なら、夫がきちんと遺言を作成して「妻に全遺産を」と残してさえいれば、妻が全てを受け取れました。亡くなった夫がいくらあの世で後悔しても後の祭りです。墓前に妻からなじられてしまうかもしれません。やはり相続に関しては最低限の知識は必要だと思うのです。

遺産分割協議

さて、亡くなった後の財産、つまり遺産はどのように分けられるでしょう。遺言がない場合は、相続人全員で遺産の分け方を話し合う遺産分割協議を行います。必ず、相続人全員の参加が必要です。相続人の範囲を簡単に説明しておくと、配偶者と子どもがいる場合は常に相続人となります。子どもがすでに亡くなっていて孫がいれば孫が相続人です。子どもも孫もいない場合、亡くなった人の父母や祖父母（直系尊属といいます）が相続人となります。さらにこの場合、直系尊属もいなければ亡くなった人の兄弟姉妹が相続人となります。先ほどの例できょうだい二人が相続人となったのは、このためです。最近、耳にする機会が多いように感じる「甥っ子や姪っ子が相続人になる」のは、この亡くなった人の兄弟姉妹が亡くなるなどして相続権を失った場合だけです。とにかく、相続人となった全員が協議に参加します。

協議ですんなり話し合いがまとまれば何の問題もないのですが、うまくいくばかりとは限りません。お金が絡むと人間関係はこじれることがあります。そんなとき選択肢となるのが遺産分割調停です。当事者間の話し合いがうまくいかない場合、家庭裁判所に調停を申し立てることができます。

調停申し立て

調停申し立てがあると、裁判所は裁判官と民間から選ばれた調停委員（二人以上）で調停委員会を構成し、中立人と相手方から別々に話を聴きます。調停委員会は公平な立場から、双方が納得できる解決策を探るお手伝いをしますが、当事者同士の話し合いが基本です。調停でも合意が難しければ、原則として審判という手続きに移行し、家庭裁判所が分割方法を判断することになります。

最高裁判所「二〇二二年司法統計年報（家事編）」によると、調停申し立て件数は二〇二二年の一年間に一二九八一件。同じ年に亡くなった方は約一五七万人ですから、とても雑な計算ですがだいたい一二〇件に一件の割合で調停に持ち込まれている、つまりもめているとみることもできるでしょう。その内、調停が成立したのが五七二九件、審判に至ったのが三七九一件でした。興味深いのは、調停申し立ての遺産額（現金、預金、有価証券、土地、建物など）を規模別にみた数値です。一〇〇〇万円以下が全体の三三・五パーセント、一〇〇〇万円〜五〇〇〇万円以下が四二・八パーセント。つまり、遺産分割でもめる約四分の三が遺産五〇〇〇万円以下だといえます。どうでしょう？　財産規模としては決して大きいとはいえないのではないでしょうか。「財産がたいしてないから大丈夫」は勘違いだといえるでしょう。
こうして家族が遺産を巡ってもめる「争族」になってしまえば、亡くなった人への恨み言さえ出てきかねません。「なんで遺言を作成してくれなかったのか」と。まさに「迷惑」をかけることになります。

国庫に納められてしまう

逆に「相続人がいないから争族など起きない。だから何の準備も必要ない」というのもまた無責任です。法定相続人がいない場合（あるいは相続人全員が相続を放棄した場合も同じですが）、遺産は最終的には国に帰属することになります。年々、この額は増えており最高裁によると二〇二二年度は約七六九億円。前年度より一二二億円増え、この一〇年で約二倍に増えたことになります。

国に使ってもらうことが有益でないとはいいません。税による富の再分配機能は公平な社会に不可欠です。でも、当然なことながら公平性や説明責任を重視するため、現場ニーズと乖離がある使われ方をしたり、必要な人の手元に届くまで時間がかかったりすることがあります。目の前の困っている人にいま支援したいと思ってもうまくいかない場合が多いことは否定できません。そもそも、一度国庫に入ってしまえば、どんなことに使われるのかなんてわかりません。国を心から信頼していてどんな使われ方でも納得できるとすれば別ですが、どうせなら自身が納得できる形で役立ててもらった方がいいのではないでしょうか。その手段として遺言でＮＰＯや公益法人、地元自治体などに遺産を贈る「遺贈」があります。

遺贈寄付という選択も

遺言を使って相続人以外に遺産を贈るのです。たとえば「介護でお世話になった友人に遺産を」など個人に贈ることもできますし、「地元の社会福祉協議会で福祉に使ってもらいたい」「母校の後輩たちの研究などに役立ててほしいから大学へ」「自分の名前を冠した教育基金をつくって若い世代を育ててほしい」「好きな交響楽団が存続できるように支えたい」「難民支援のＮＰＯに」などの「思い」を様々な相手に託すことで活かします。

遺贈を寄付として活かす使い方を「遺贈寄付」といいます。いわば人生最後の社会貢献です。[2] 遺贈を活用すれば、自身の生きた証を残したり、次世代のために活用してもらったりと、遺産に積極的な意味を持たせる使い方ができるのです。つながりのところで描いた

「縦の糸と横の糸」でいえば、未来に続く縦の糸の関係性をつむぐことができます。もちろん、相続人がいる場合でも財産の一部を様々な団体に遺贈することで活かしてもらうことができます。遺贈寄付しようと思った団体には生前から関心を持つでしょう。もしかしたら団体の活動に関わり、それが生きがいになるかもしれません。生きている間の横の糸をつむぎ、太くすることにつながる可能性もあるのです。

国に使ってもらうにせよ、遺言がなければ国庫に入るまでの手続きも面倒です。関係者の申し立てで「相続財産清算人」(二〇二三年の民法改正でそれまでの「相続財産管理人」が名称変更されました)を家庭裁判所が選任し、本当に相続人がいないか、債務がないかなどを確認したうえでようやく国庫に入ります。当然、清算人への報酬など費用がかかります。清算がうまくいくならまだしも、簡単にはいかないケースがあります。そもそも遺産額が少ないなどの理由で精算人を立てずに宙に浮いたままになる遺産もあります。

亡くなった段階で相続人がわからない場合、行政が相続人を探しますが、家族関係が希薄化し、人の移動も激しい現代、うまく見つからないケースや、見つかっても相続や引き取りを拒否されるケースが増えています。

（2）「迷惑」の実態

俳優・島田陽子さんの死

俳優・島田陽子さんの死とその後のことをご存じでしょうか。新聞記事[3]によると、島田さんは二〇二二年に都内の病院で亡くなりました。享年六九。島田さんの家があった渋谷区が島田さんの親族を探して連絡をしましたが、遺体の引き取り手はいませんでした。結局、渋谷区が二週間ほど遺体を保管した後、荼毘に付しました。その後、遺骨は知人が引き取って島田さんの両親が眠る墓に納骨したといいます。あれだけ著名な方でもこうした最期がありえるのが「いま」という時代です。希薄化した人間関係を象徴するかのような出来事ではないでしょうか。

島田さんは決して特殊な事例などではありません。総務省の「遺留金等に関する実態調査結果報告書」[4]によると、二〇一八年四月～二〇二一年一〇月に引き取り手がいなかった死者が全国で約一〇万六千人いました。さらに付け加えると、火葬後にも引き取り手がいないため市区町村が保管している遺骨は少なくとも六万柱。そのうち九割は身元がわかっているのに引き取り手がいないのです。九割ですよ！　そうした人たちの財産から葬祭費を差し引いて自治体が保管している遺留金は二〇二一年一〇月時点で約二一億五千万円にのぼっています。

増える「遺品部屋」

ほかに、清算がうまくいかないケースとして問題になっているものの一例として「遺品部屋」があります。亡くなった人が住んでいたマンションやそこに残された遺品の相続、引き取りが問題になっているのです。ＮＨＫが二〇二三年にこの問題を報じています。[5]ＮＨＫの推計によると二〇一三年から二〇二二年までの一〇年間に遺品部屋が全国で約一万件ありました。

たとえば亡くなった人が住んでいたのが公営住宅の場合、行政が遺品を勝手に処分するわけにもいきません。国もこの問題は認識していて二〇一七年には「公営住宅における単身入居者死亡後の残置物への対応方針」を自治体に示しました。相続人が明らかでない場合でも遺品を選別し、他の場所に移すことができるというのですが、どのように処分するかの具体策は自治体任せです。たとえば大阪府は遺品のうち貴重品を保管場所に移動して二〇年間（民法で所有権を新たに取得するのに必要な年月）保管することにしました。もちろん、移動や保管にも費用がかかります。廃棄にもお金が必要です。結局は住民が費用負担しているわけです。賃貸住宅の場合、こうした事態を避ける意味もあって高齢者の入居が難しかったり、身元保証人や連帯保証人を求められたりといった別の課題にもつながります。

分譲マンションの場合、相続人がわからない、あるいは相続放棄されたままだと同じマンションに暮らすほかの住民にまで迷惑がかかります。管理費や修繕積立金を支払う人がいなくなれば滞納金が発生します。修繕計画などにも影響が出てしまうので、他の住民が滞納金を分担して負担しなければならないケースが発生しているのです。

個人的な体験ですが、私自身も自宅のマンション管理組合の理事長をしていたとき、ある部屋の所有者が亡くなってしばらく相続人が決まらないケースに遭遇しました。増えていく一方の滞納金にドキドキしましたが、管理会社の弁護士を通じてなんとか相続人がみつかり、事なきを得て安堵しました。とはいえ、滞納金を回収するまでに結局、二年を要しました。相続人がいないままだったらどうしようかと一時は真剣に悩んだのです。

戸建て住宅でも、空き家となってゴミ屋敷化して景観を損ねたり、倒壊の危険性が高まって街の安全にかかわったりするケースもあることは見聞きしたことがあると思います。相続人がいない場合だけでなく、いても放置されるケースが多いといわれますが、総務省「二〇一八年住宅・土地統計調査」によると全国に空き家は約八四九万戸あり、住宅全体に占める割合は一三・六パーセントで、年々増える傾向がみられます。それ自体が大きな社会課題ですが、行政がこうした家屋を撤去することになれば、その原資は住民の税金です。

(3) 遺言を作成する[6]

遺言作成の実態調査

争族も遺品部屋も、遺言を作成して遺産や遺品の行く先を決めておくことでかなり防げます。それでも、遺言の必要性はわかるけど具体的にどうしたらよいかわからないとか、難しそうだからと二の足を踏む人も多いでしょう。実際、五五歳以上を対象とした法務省の調査[7]では、全世代とも三割以上が遺言を「作成したい(どちらかといえば作成したい)」と回答していますが、実際に作成しているのは約七パーセントにとどまります(七五歳以上では一一・四パーセントが作成しており、年齢が上がるほど実際に作成する傾向がみられました）。遺言作成に関して不安に感じることとして最も多く挙げられたのは「書き方・法知識」で全ての世代で二割以上が不安に感じると回答。「遺言書の作成に必要となる費用」「きちんと遺言が実行されるか」については五五─五九歳と六〇─六四歳で二割を超えていました。

主に一人暮らし高齢者の終活をお手伝いしている友人の体験談です。八〇代の女性に遺言作成を勧めたところ「まだ早い」と返されたそうです。笑い話ですよね。早くないどころか、いささか遅いかもしれません。遺言にはそれなりの体力といいますか、財産の整理をしてどのように使うか考えて作成するのですから、それなりに時間と労力がかかります。気力があり、頭がしっかりとしているうちに作成して、あとは毎年の正月や誕生日にでも必要に応じて見直す方が現実的です。「いざ遺言を！」と思い立ったのが病院のベッドの上では、間に合わない恐れがあります。実際、作成途中で亡くなったケースを何件か耳にしています。作成はぜひ元気なうちにと強くお勧めします。

たしかに、人は経験したことがないものを難しそうだと感じてしまいがちです。でも、それほど難しく考える必要はないと思います。だれでもその気になりさえすれば遺言は作成できます。ここでごく簡単に、遺言に関して押さえておくべき点を記しておきます。最低限の知識ではありますが、「なるほどそんなものか」とイメージは持っていただけると思いますので。「遺言のことは知っている」という方はこの項を飛ばしていただいてもかまいませんが、法務局による「自筆証書遺言書保管制度」はまだご存じない方が少なくありません。必要でしたらそこだけはお読みください。この制度は便利で使い勝手が良いので。

遺言の効力

まず遺言の効力についてです。書いたこと全部が思いのままになるのではありません。法的に効力を発揮するのは、財産の相続・遺贈に関することと、婚外子の認知といった相続人の範囲に関わること。要するに相続関連のことだけです。具体的には（一）特定の相続人に遺産を多く渡す、あるいは特定の相続人には渡さない（二）相続人以外に遺贈する（三）子どもの認知（四）遺産相続がもめそうな場合などに冷却期間を設ける意味合いで、五年を上限に遺産の分割を禁止する（五）死後、未成年の子どもだけが残って親権者がいない場合に後見人を指定する（六）遺言をきちんと執行してくれる人を遺言執行者として指定する。

これ以外に関すること、たとえば葬儀の方法やお墓のこと、あるいは教訓として遺族にぜひ守ってほしいことなどを記したとしても、遺された人たちがそれを守る法的義務はありません。つまりエンディングノートと同じです。こうした法的効力の範囲外のことを記すのが先述した「付言事項」です。法的効力がない事を理解した上で、家族への感謝の言葉や自身の人生への思い、あるいは遺贈するとしたらなぜ遺贈を決めたかの理由を書くといった使い方をすると良いと思います。遺言とはお金のことも含め、人生最後に大切なメッセージを残すものだと考えれば、付言事項はとても重要なのです。

法的効力の（六）にある「遺言執行者」も場合によってはとても重要です。まさに「誰が」にあたる人を指定しておいて、遺言の内容を実現してもらいます。ここでいう「場合によっては」とは、たとえば先述の遺贈寄付を希望するときや、不動産を売却して現金化したうえで相続するといった場合。あるいは、相続人に未成年者や認知症の人といった自分で相続手続きができない人がいる場合、そもそも相続人が誰もいない場合です。いずれにしても「信頼できる人」と事前に相談して依頼しておきたいものです。未成年者と破産者は民法の規定で遺言執行者になれませんが、家族や友人でも弁護士ら専門家でも基本、誰を指定してもＯＫです。

次に、遺言には大きく分けて二つの種類があります。公正証書遺言と自筆証書遺言です。それぞれに長所・短所があります。どちらを利用するかはご自身の判断になります。

公正証書遺言は公証役場で法律のプロである公証人に作成してもらい、公証役場で保管してもらう方法です。証人二人以上の立ち会いのもと、遺言者が公証役場で公証人に内容を伝えて書いてもらう形で作成します。遺産額に応じた費用がかかります。第三者である証人に遺言内容を知られることや費用は短所といえなくもありません。一度作成したものを気軽に修正というわけにもいきません。しかし、プロに確認してもらいながらの作成ですから形式の不備などで法的に無効になることはほぼありません。紛失や改ざんのリスクが低い点も長所です。

自筆証書遺言は、「だれにどの財産を相続させる・遺贈する」という本文と、日付、氏名を自筆で書いて押印します。おそらく多くの方が「遺言」と聞いて頭に浮かべるのがこの自筆証書遺言の方ではないでしょうか。作成は思い立てばすぐにもできますし、手元に置いておけるので、いつでも気が向いた際に書き換えができる手軽さが長所です。その一方、形式の不備で無効になるケースや、紛失や改ざんのリスクがあることが短所です。

遺言は日付や押印を忘れたとか、内容を書き換えた時の修正方法が形式的に正しくないだけでも無効です。形式は正しくても、内容が不正確でトラブルを招くこともあります。たとえば、「自宅を相続させる」と記すと「建物だけ？　土地は？」といった争いが起こる危険性があります。ただ、遺族の関係性がよければ、亡くなった人の意を汲んで遺産分割協議で平和裡に収まるとは思います。というか、多くの場合はそこまで法的にどうこうなどと問題にせずに済んでいるのではないでしょうか。もちろん内容が正確であることに越したことはありませんが、この点をあまり気にしすぎてしまうと怖くなって作成を躊躇してしまうかもしれませんから、どうか気を楽に。さまざまな指南書も出ています。それでも不安でしたら、士業や信託銀行などが開催している遺言関連の講習会に一度、顔を出して感触を確かめてみてはいかがでしょう。実際にはそれほど難しいことはありませんから。

みつからないリスク

むしろ自筆証書遺言で一番厄介なのは、遺言があったかどうかがそもそもわからなかったり、紛失してしまったりする危険性があることや、自分に不利になると考えた関係者によって隠匿や破棄、改ざんされてしまう恐れです。必ず公証役場に保管される公正証書遺言とは異なり、自筆証書遺言は保管場所が決まっているわけではありませんから。つまり、せっかくの思いが実行されない危険性があるのです。

テレビドラマではよく、だれかが亡くなった直後、リビングに集まった人たちを前に弁護士と称する人が自筆証書遺言を開封する場面があります。たいていは、「なんでお前なんかに遺産の全部をなんて書いてあるんだ！　親父は騙されていたに違いない」と修羅場へと展開しますが、法的にはありえない場面です。自筆証書遺言の保管者または遺言を発見した相続人は、遺言者の死亡を知ったら速やかに家庭裁判所に「検認」を請求しなければならないと民法で決まっているからです。

検認とは家庭裁判所で遺言書の形状、日付、署名など遺言書の内容を明確にして遺言書の改ざんを防止するための手続です。遺言内容の有効・無効を判断する手続ではありません。あくまで「こういう遺言がある」ことを裁判所が確認してくれるだけです。封印があれば検認前に開封してはいけませんから、ドラマのように死亡直後に開封することなどあり得ないのです。ちなみに、検認せずに勝手に開封すると五万円以下の過料が科せられますし、隠蔽したり、偽造・変造・破棄したりすると、相続人としての資格がなくなります。

検認とは

検認の手続きも概観しておきます。まず家庭裁判所に検認を申し立てるためには、相続人全員の戸籍謄本や、遺言者の出生から死亡時までの戸籍謄本などの書類を揃える必要があります。書類提出後、裁判所から検認のための期日が指定されます。その日に相続人が立ち会って遺言が開封され、検認調書が作成されて終了です。通常、検認をする期日は申し立てから一か月ほど後ですから、検認までにはけっこうな日数が必要です。相続税の申告と納税の期限は、亡くなった方の死亡を知った日（通常は亡くなった日）の翌日から一〇カ月以内です。検認したからといってこの期日に延長はありません。とても貴重な時間ですが、検認が終わるまでは遺言を前提した分割協議ができません。なお、公正証書遺言であれば検認は不要ですし、先ほど便利な制度と記した法務局による自筆証書遺言書保管制度を使った場合もやはり検認をする必要がなく、すぐにでも分割協議を始められます。

検認件数は増える傾向にありますが、二〇二二年に約二万件。一方、公正証書遺言は同じ年に約一一万二千件が作成されました。常識的に考えれば、手軽な自筆証書遺言の方が作成件数は多いはずです。実際、先ほど紹介した法務省の調査でも「自筆証書遺言を作成したことがある」人は三・七パーセントで、「公正証書遺言を作成したことがある」の三・一パーセントを上回っていました。しかし統計上は検認件数よりも、手間も費用もかかる公正証書遺言の方が圧倒的に多いのです。

その理由としてまず考えられるのは、知ってか知らずか検認をしないまま遺言を開封して故人の遺志を尊重した遺産分割が粛々と行われ、「めでたしめでたし」という事態です。法的な良し悪しは別ですが、結果はオーライともいえそうです。意外とこうした形で丸く収まっている場合が少なくないのではないでしょうか。でも、自筆証書遺言そのものが発見されないことも少なくないでしょうし、お金が絡むと人間関係は厄介ですから、隠匿や破棄されてしまうケースもあるのではないでしょうか。

自筆証書遺言を法務局が保管

実は自筆証書遺言のこうしたリスクがほぼ無くなる制度が二〇二〇年七月一〇日にスタートしました。法務局による自筆証書遺言書保管制度です。二〇二三年末の保管申請件数は約六万六千件になっています。

この制度では、全国三一二の法務局（支局を含む）が「遺言書保管所」に指定され、ここに遺言者本人が自筆証書遺言を持参し、保管を申請できます。保管された遺言は検認が不要とされていますから、遺言に従った遺産分割がすぐにも始められます。

保管は、国の定める様式で作成された遺言であることが条件です。日付や署名押印がないと無効になってしまいます。逆に言えば、そういった様式に間違いがあれば受理されないのですから、形式上のミスで遺言が無効になるリスクは一定程度、減ると考えられます。ただし、内容についてのチェックはありませんから、法的有効性の担保についてはリスクが残る点は変わりません。

法務局では、遺言の原本だけでなく、画像データも保管されます。遺言者が遺族らに「遺言書が法務局にある」と言い残すだけで、紛失の心配はなくなります。画像データの確認と遺言の有無の確認は保管した法務局だけでなく、全国の法務局で申請できます。遺言書があるかないかがわからない場合でも、「とりあえず近くの法務局に」が新たな相続の習慣になるかもしれません。

自筆証書遺言はいつでもどこでも書ける手軽さが魅力です。新制度でもこの点は変わりません。新しいものに書き換えるのも自由です。遺言は日付が最新のものが優先されるので、保管後に自宅で新しい遺言を書いたとすれば、そちらが優先されます。とはいえ、トラブルを避けるためにはその都度、法務局に保管してあるものを一度撤回して新しく書いたものを保管してもらうやり方が間違いありません。

この制度で画期的なのは「通知」です。制度の根拠となる遺言書保管法には、こんな文言があります。「遺言書保管官は、遺言書情報証明書を交付し又は相続人等に遺言書の閲覧をさせたときは、速やかに、当該遺言書を保管している旨を遺言者の相続人、受遺者及び遺言執行者に通知します」（第九条第五項）

つまり、遺言者の死後に相続に関係する誰かが遺言を閲覧申請した場合、法務局が「××さんの遺言を保管しています」と相続人全員に知らせてくれるのです。閲覧申請時には「法定相続情報一覧図」の写しなど相続人全員の情報がわかる書類が必要になりますから、それをもとに通知してくれます。関係者全員の知るところになるわけですから、廃棄や改ざんのリスクは無くなります。公正証書遺言にもこんな便利な通知はありません。

ただ、「相続に関係する誰かが閲覧申請した場合」と述べましたが、裏を返せば、もしも誰も閲覧などしなければ、仮に遺言した人が亡くなって相続手続きが始まっていたとしても通知はされないということです。これでは、せっかくの遺言が埋もれかねません。そこで、この弱点を補う、もう一つの通知制度まであるのです。「指定者通知」がそれです。

遺言者の死亡の事実を法務局側が確認したさい、あらかじめ遺言者が指定した人（最大三人まで指定可能）に対して「××さんの遺言書が保管されています」と通知してくれるのです。この通知は遺言者が希望する場合にのみ適用されますから手続きが必要ですが、保管の申請時に申し込むだけで済みます。ただし、この通知を使う場合、通知したい人が引っ越しした場合には、必ず変更の届け出をすることを忘れないようにしておきましょう。これを怠ると、せっかくの通知も届かなくなってしまいます。

実は、私もこの保管制度を利用して自筆証書遺言を法務局で保管しています。指定者通知も申請しました。家族は間違いなく私の死をすぐに知る立場にあると考えましたので、遺贈寄付すると遺言に記した団体を通知の対象にしました。こうすれば、団体も遺産分割に当初から関わることができると考えたのです。家族が私の遺志を無視して遺贈寄付などなかったことにしてしまうことはないと信じていますが、遺贈をきちんと実行してもらえるようにする念のための保険だと思っています。こうした使い方以外にも、先述の遺言執行者を指定している方なら、遺言執行者を通知対象にしておけば安心でしょう。

手軽な上に、国が保管だけでなく通知までしてくれる至れり尽くせりの保管制度ですが、利用料は保管の申請一件につき三九〇〇円、原本の閲覧請求一件につき一七〇〇円などと低く設定されています。遺言を残したくても「公正証書だと費用もかかるし、内容が公証人や立ち合いの証人に知られるのが嫌だなあ」と思っていた方には朗報の制度でしょう。遺言作成を考えたら、利用を検討してみてはいかがでしょう。

(1)逆にいえば「あいつにだけは財産を渡したくない」「許せない」などと考えれば、遺言は人生最後の絶縁状にも使えてしまいます。それだけ大きな意味があるのですから、ぜひとも良い方向に使いたいものです。

(2)遺贈寄付について詳しくは拙著『遺贈寄付　最期のお金の活かし方』(二〇一八年、幻冬舎)、『人生を輝かせるお金の使い方　遺贈寄付という選択』(二〇二一年、日本法令)をご覧ください。

(3)朝日新聞　二〇二二年一二月三〇日朝刊

(4)https://www.soumu.go.jp/menu_news/s-news/hyouka_230328000164386.html#kekkahoukoku　二〇二四年二月二日閲覧

(5)https://www3.nhk.or.jp/news/html/20231024/k10014235141000.html　二〇二四年一月一七日閲覧

(6)この項は拙著『人生を輝かせるお金の使い方　遺贈寄付という選択』(二〇二一年、日本法令)三一―四二頁に加筆・修正。

(7)二〇一七年度法務省調査「我が国における自筆証書による遺言に係る遺言書の作成・保管等に

関するニーズ調査・分析業務報告書」

第五章　集活の提案

（1）「横の糸」を増やす

集活の「その先」

ここまで「終活を意識したら集活を」という観点から、他者や社会とつながることの大切さについて話をしてきました。人生会議は「横の糸」、遺言作成は「縦の糸」としてのつながりの意味があるのでした。最終章では「横の糸」のつながりをより広げる、増やすことを考えます。というのも、人生会議は最終的には人生の終盤から死後までを支えてくれる「誰か」を想定していますが、集活はより幅広い関係性をも意識しているからです。

たとえライフエンディングステージを直接的に支えてくれることはなくても、楽しい時間を長く過ごすため、幸せになるために他者とつながるという意味合いでの知人・友人とのつながりです。高齢期を念頭におきながら、どのようにつながりを広げるのか、アイデアをお示しします。もっとも、百人いれば百通りの人生経験があるわけですから、それをベースにご自身で自分に合った方法を見出すことこそが大切だと思います。私のアイデアなど所詮は一般論にすぎませんが、参考の一つにしていただければ。そして、アイデアの提示の後、社会を変えるという観点で身元保証問題と死後事務に関する事業について触れたいと思います。

後者の「社会を変える」については「?」かもしれません。ですが、集活にはもう一つの方向性というか、集まって話をする、縁を集めた「その先」があることを知っていただきたいのです。第一章でコンパッションについて触れた際にサラリと記したのですが、再度書き記せば、人間には本来、困っている他者に気づいて共感と行動が作動するという能力があるはずです。しかし、弱さをみせることが社会からの落伍とみなされてしまう社会構造・意識が広がってしまい、その能力が表に出にくくなっています。そうではなく、弱さは他者を必要とするからこそ、他者とつながる源泉、チカラとなり、生きやすさを作りだします。弱さをベースにした方が生きやすい社会ではないかというのがコンパッションの考え方です。人生会議の話の中で、ポジティヴヘルスに言及した際にも「自律・自立のためにこそ支え合うことが重要」と、社会のありようについての考えをお示ししました。「自立とは依存先を増やすこと」とは社会の側に求められることだ、とも。

コンパッションをベースとした社会を実現するためには、集活した結果として自助努力や共助だけでは何ともしがたい課題が浮き彫りになってくるかもしれません。そんな場合、そこでの声を集めて社会の仕組みや制度を変える必要性もあると考えるのです。それがここでいう「その先」です。一人の努力ではどうしようもないことはたくさんあります。自分では対処できない状況にある人もいます。制度があったほうがだれにとっても、どんな状態になっても、安心ということが間違いなくあるはずです。

寿命の延びを前提に

前置きはここまでにして、まずはつながるためのアイデアからです。

前提としておきたいのが、寿命の延びです。ご存じの通り、日本は男女とも世界トップクラスの長寿を実現しています。老人福祉法が制定された一九六三年にはたった一五三人しかいなかった一〇〇歳以上の高齢はいまや九万人を超え、団塊世代が一〇〇歳を迎え始める二〇四七年には五〇万人を突破すると予測されています。まさに「百年人生」を前提して生きる時代が到来しています。

この変化のスピードに、社会も私たちの意識もまだ追いついていないのではないでしょうか。わかりやすいのは定年の年齢です。いまは六五歳が一般化しつつありますが、それでも一〇〇歳を前提すれば、その後の人生は三五年。平均寿命で考えても二〇年ほどあります。その期間の長さから、一時「老後資金二千万円問題」が話題になりました。もちろんお金の問題は大切ですが、それだけ「第二の人生」期間があれば日々の生きがいこそが重要です。お金の心配はないけれど、ただボーっとテレビやネットフリックスなどをみて毎日が過ぎる。そんな生活を何十年も続けることが楽しいと思いますか？

既にみたように日本社会はつながりが薄い社会です。でも、他者は喜びの源泉です。「わたし」を「わたし」たらしめているのも他者でしたし、長続きする幸せもまた他者あってこそ、でした。生きがいとつながりとは不可分といえるでしょう。

趣味はもちろん大切です。楽しく過ごすためには不可欠な要素でしょう。でも、もしも一人で完結してしまって他者とのかかわりが生まれない趣味ならば、いまの文脈から考えると二次的な意味合いしかないといえます。たとえば、プラモデル作りが趣味ならば、一人で作るだけではなく、作ったものを披露しあう仲間がいること。スポーツジムに通って黙々と体を動かすだけでなく、その場で顔見知りと言葉を交わすことを意識する。一人カラオケではなく、友人らと一緒に歌ったり、発表の舞台があったりする。そうしたことが必要ではないでしょうか。

仕事・ボランティア・学び

つまり、大切なのは他者と何らかのつながりが前提される活動です。社会参加と言い換えてもいいかもしれません。よくいわれることですが、大きくは三つあると思います。仕事、ボランティア、学びです。

仕事は基本、他者との関係性が不可欠です。他者と全く関わりがない仕事は多くはないでしょう。そう考えれば、会社員なら定年を迎えても何か別の形で仕事を続ける。もちろん、会社員でない私のような人たちも同じく、仕事を可能な限り続けることがつながりを生みながら生きがいを感じる手段の一つになります。お金の観点からも有効なことはいうまでもありません（本来なら、お金の心配をしなくて済むだけの年金がだれでも受給できることが大切ですが……）。

ＩＣＴを活用して高齢者の就労と社会参加を促す取り組みも始まっています。東京大学先端科学技術研究センター特任教授・檜山敦さんが開発したＧＢＥＲ（ジーバー：Gathering Brisk Elderly in the Region＝地域の元気高齢者を集める）はその一例です。仕事、ボランティア、生涯学習、イベント等の多種多様な地域活動を、高齢者と結び付けることをサポートするマッチングプラットフォームです[1]。

ＧＢＥＲは三つの視点で仕事や活動を探せるのが特徴です。まず、カレンダー機能を使って自分が参加できる日時で活動を探す。地図機能を使って自分の生活圏内の活動を探す。簡単な質問に答えることで自分の興味・関心やスキルを登録する。二〇一六年に千葉県柏市で実験的利用が始まり、熊本県や東京都世田谷区、福井県、神奈川県鎌倉市で導入が進んでいます。この仕組みで就業した人もいます[2]。これから利用できる地域が広がっていくことが期待されています。

ともすると現役時代の仕事内容に固執したり、実際の仕事内容よりも業態・業務への思い込みから関心領域を広げられなかったりして、定年後の高齢者が自分に合った仕事を探すハードルは高いといわれます。一定の収入は得られませんが、高齢期の生きがいを目的とした働き方としては「シルバー人材センター」が全国の市区町村にあります。会員として登録しておくと、臨時的に仕事の依頼が届く仕組みで、半ばボランティアに近い形です。なかなか難しいかもしれませんが、本気で働きたいと考えるのであれば、「過去」にとらわれることなく虚心坦懐に仕事内容や会社の実態をみることこそ大切かもしれません。

退職しても、現役時代の会社の社員章バッジを付けて出かけたり、用もないのに会社に出かけて後輩から迷惑がられたりという人も中にはいるそうです。[3]極端な例でしょうが、こうした心持や態度では新たな仕事をみつけるのは厳しそうです。ついでに、あくまで職業的呼称ですが「先生」などと呼ばれることに慣れてしまっている私だからこそ自戒を込めて書いておくと、高齢者は高齢、つまり経験が豊かであるが故に尊敬されるなどということはまずありえません。「最近の若い者は……」は古代エジプトから続く、シニアの普遍的愚痴でしかありません。特に社会変化のスピードが速いいま、昔の経験で役立つことなどたかが知れています。その自覚をもって若い世代や社会に向き合った方が良いのだと思います。決して口出しするなとか、アドバイスが不要だなどと申し上げているわけではありません。伝えなければならない価値観や経験はあるでしょう。それが本当に大切なことならば、そうしたものをご自分で心から大切にしているのであれば、逆に若い世代や社会の方が放っておかないと思うのです。自分のためにとか、自分を大切にしてもらいたいからではなく、若い世代や社会のための行動や言葉・価値観を伝えることこそ大切です。どうせなかなか守れずに口出ししてしまうことがあるでしょうから、自戒しておくくらいがちょうどよい塩梅なのではないでしょうか。

何にせよ「つながり」を前提した場合、仕事を続けるうえで一番大切なのは、仕事を続けながら仕事の場での人間関係や秩序だけに依拠するのではなく、地域の人たちといった「外」との関係性を意識した生活に徐々にシフトすることです。「仕事がなくなったら人間関係が他にありません」ではシャレになりません。空から地上へといきなり墜落するように移行するのではなく、徐々に軟着陸することを意識してほしいのです。そのための手段としてもボランティアと学びは大切です。

まずは自分のために

ボランティアは何も「被災地でお役に立つ！」「貧困に苦しむ子どもをわたしが救う！」といったふうに、肩に力を入れて大上段に振りかぶる必要は全くないのではないでしょうか。自分でできることをできる範囲ですればいいと思います。なお、ボランティアの定義ですが、国が一九七八年から二〇〇八年まで実施していた「国民生活選好度調査」では

「仕事、学業とは別に地域や社会のために時間や労力、知識、技能などを提供する活動」としています。具体的なものとして以下のようなものが挙げられていました。

▽公共施設での活動（公民館における託児、博物館の展示説明員など）▽青少年の健全育成に関する活動（ボーイスカウト・ガールスカウト活動、子ども会など）▽体育・スポーツ・文化に関する活動（スポーツ・レクリエーション指導、まつり、学校でのクラブ活動における指導など）▽人々の学習活動に関する指導、助言、運営協力などの活動（料理、英語、書道など）▽自然・環境保護に関する活動（環境美化、リサイクル活動、牛乳パックの回収など）▽国際交流（協力）に関する活動（通訳、難民救援、技術援助、留学生支援など）▽社会福祉に関する活動（老人や障害者などに対する介護・身のまわりの世話・給食、保育など）▽保健・医療・衛生に関する活動（病院ボランティアなど）▽交通安全に関する活動（子どもの登下校時の安全監視など）▽自主防災活動や災害援助活動▽募金活動▽チャリティバザー

どうでしょう、想像以上に広い分野や役割があると感じたのではないでしょうか。何か気になるもの、ご自分でできそうだと思うものがありましたでしょうか？　あればそれに越したことはありません。ぜひ、前向きにご検討を。でも、「社会や他人のための活動なんて息が詰まりそう」とか「体力が心配」「時間がそこまで取れない」とか、なかなか

「これだ」というものがみつからないこともあるでしょう。それでも大丈夫。もっと気楽な形のボランティアだっていいのではないでしょうか。どうもボランティアという言葉を「重い」と感じてしまうことがあるのは、きっと「自分を犠牲にしてでも他者のために」といったイメージが付着してしまっているからだと思います。

「他者・社会のために」なんて肩肘張らずとも、最初は「自分のために」でいいと思うのです。たとえばですが、いろいろな地域で「居場所」活動がさかんに行われていますよね。だれもが気軽に集まって他者と交流するための場づくりです。地域での居場所を「自分のために」求めてそんな場に出向き、まずは居場所を確保する。そこでお茶を入れるのを手伝う、あるいは初めて参加する人が溶け込みやすいように話しかける。それだって立派なボランティアだと私は考えます。公園でのラジオ体操や歩こう会、俳句や陶芸といった趣味の会といった活動でもいいと思うのです。まずは「自分のために」とりあえず身近な活動に参加して、自分を幸せな気分・状態にしてから笑顔で言葉を交わしてみてはいかがでしょう。

居場所を求める上で一番大切なことははっきりしています。「自分にとって居心地がいい場であること」。これに尽きます。これさえ満たせば、どんな場でもかまわないといえばかまわないのです（それが犯罪組織や反社会的集団というのであれば論外ですが）。しっかりとした居場所があれば、安心感が得られます。人は安心すれば自ずと笑顔も言葉も出てきます。他者に優しく接するための余裕が生まれます。自然と、他者のためにというステップを踏めるはずです。自利と利他がうまくつながります。

布施という考え方

仏教には「布施」という言葉があるのはご存じだと思います。お寺に納めるお金のことと思われがちですが、本来は広く利他の行為のことをいい、他者を助け、豊かな心にする行為が布施です。たとえば、笑顔を相手に向けること（「和顔施」といいます）、思いやりのある言葉をかけること（「言辞施」といいます）、ちょっとした心づかいをすること（「心施」といいます）も立派な布施です。ボランティアも布施の一種だと考えると、敷居はぐんと低くなるのではないでしょうか。日常生活の中で他者を思いやりながら挨拶を交わし、コミュニケーションをとること。そこからつながりは豊かになっていくはずです。

仏教の話ついでに、居場所として私は「お寺」は優れた社会的資源だと認識しており、地域の人もお坊さんももう少し意識的にその価値を活かすべく活動して欲しいと考えています。お寺は全国にコンビニよりも多い約七万五千もあります。合理性や生産性といった経済ファーストの価値観が幅を利かす世俗とは別の価値観、時間の流れがお寺には本来あるはずです。豊かな空間もあります。誰もが「自分はここにいてもいいんだ」と感じられる場になる可能性を秘めています。

もちろん、お坊さん次第による部分が大きいので、全部のお寺が居場所になるなどとは全く思っていませんが、活かさない手はないと思うのです。詳細は拙著[4]をご覧いただきたいのですが、一つだけ実例的にいえば「こども食堂」（なにも子どもに限らず、地域の誰もが対象ということで「みんな食堂」や「地域食堂」といった名称も使われるようになっています。要は居場所です）に関わるお寺が増えています。お寺は人が集まれるスペースがあり、調理場や什器が揃っていることが多く、檀家や地域の人との関係性がきちんとあればお手伝いの人手も得やすいからです。地域で居場所になりそうなお寺が思い浮かんだら、お坊さんと一緒に行動してみませんか？　それがお墓や葬儀の準備という終活にもなり、なんといっても仏教に関わりますから死生観について深く考える契機になるかもしれません。一石二鳥にも三鳥にもなりえます。

再びのキャンパスライフも

学ぶことも大切です。「一人で黙々と通信教育を受けて修了」では他者とつながりが生まれにくいですが、それでも学びを通して新たなスキルや知識を身に着けて仕事を始めたり、プロボノ的なボランティアの可能性が広がったりするかもしれませんから否定はしません。知的刺激があればいわゆる「脳活」になるかもしれません。好奇心こそ人を人たらしめる本性の一つだと私は思っていますから、学びは極めて大切だと断言します。たとえ一人で完結する学びでも、しないよりはした方が良いに決まっています。でも、望ましいのは、やはり他者と関わる機会を伴う学びの場でしょう。

「二〇二三年版高齢社会白書」によると六五歳以上の高齢者で学習活動に参加している人は二八・四パーセントでした。学習内容は「家政・家事（料理・裁縫・家庭経営など）」（一二・〇パーセント）、「芸術・文化」（一〇・六パーセント）、「パソコンなどの情報処理」（一〇・四パーセント）などとなっています。料理教室やパソコン講座、絵画教室、カルチャーセンターなどかな、と想像します。もちろんいずれも素晴らしいことです。さらに興味があれば、もう一段本格的な学びも視野にいれてもいいのではないでしょうか。「キャンパスライフ」をもう一度、楽しむことだってできます。

宣伝めいて恐縮ですが、私が講師をしている立教大学大学院社会デザイン研究科では主に社会人が学んでいます。現役の社会人だけでなく、定年後の方も少なくありません。社会人として生きる中で感じる疑問や課題に向き合ったうえで学ぶだけに、皆さん真剣です。時間的なやりくりや論文執筆は苦労も多いだけに、お互い「戦友」のように親しくなりネットワークが生まれます。社会課題解決のための活動を新たに始める方もいらっしゃいます。

論文を書いて修士・博士号を取ることまでは大変そうという方向けに、立教大学では五〇歳以上を対象とした「立教セカンドステージ大学」という学びの場もあります。実際にキャンパスに通い、学びつつ学友とつながることができます。在学生の中から「没イチ会」[5]が生まれ、現在も活動しているのはその一例です。配偶者に先立たれて一人になった人たちが集まり「先だった配偶者の分も、二倍人生を楽しむ使命を帯びた人の会」として定期的に集まって交流しているのです。二〇〇八年にセカンドステージ大学が開学した頃はこうしたシニア向け大学は他にあまりありませんでしたが、東京都立大学プレミアム・カレッジなどいまは多くの大学で学びの場を設けています。興味あるテーマについて開講しているところがあれば、検討してみてはいかがでしょう。

また、名称も内容もさまざまですが、年単位で学ぶ場がいろいろな自治体で開かれています。単発の講座ではないので、「学生」同士が顔見知りになる機会となります。たとえば、東京都世田谷区には半世紀近い歴史の「生涯大学」があります。ここで私もクラスを担当しているのですが、同じクラスのメンバーが二年間、週に一度一緒に学び、健康体操もします。クラス単位で学園祭などにも参加します。学園祭前は皆さん、まるで中学・高校生に戻ったように演目やお互いの役割を決めて練習に励み、目に見えて結束が強まっていきます。その姿には、「人はいくつになっても学べるし、他者とつながれるのだ」と感動します。卒業後も有志で学ぶ場を継続するなど、まさに生涯の学びの場です。ご自分の地元の自治体にこうした場があれば、ぜひ検討してみてください。

社会参加の実態

では、実際にどれくらいの方が社会参加をしているのでしょう？　六〇歳以上を対象とした内閣府の二〇二一年度「高齢者の日常生活・地域社会への参加に関する調査結果[6]」によると、過去一年間に参加した社会活動について尋ねたところ「健康・スポーツ（体操、歩こう会、ゲートボール等）」（二六・五パーセント）が最も高く、「趣味（俳句、詩吟、陶芸等）」（一四・五パーセント）、「地域行事（祭りなどの地域の催しものの世話等）」（一二・八パーセント）、「生活環境改善（環境美化、緑化推進、まちづくり等）」（九・八パーセント）が続いています。でも、実は最も回答が多かった選択肢は「活動または参加したものはない」（四一・七パーセント）でした。さらに「今後、どのような活動をしたいか」を問う設問では、「活動・参加したいとは思わない」（二七・四パーセント）が「健康・スポーツ」（四〇・五パーセント）に次いで多かったのです。しかも、同じ内容の前回調査（二〇一三年度）では「活動・参加したいとは思わない」は一八・二パーセントでしたから、割合的にも増えていました。ちょっと残念です。

「なぜ参加したいと思わないか」を問う設問もありました。「健康・体力に自信がないから」（三二・七パーセント）が最も多く、「人と付き合うのがおっくうだから」（二六・一パーセント）、「家庭の事情（病院、家事、仕事）があるから」（一九・一パーセント）が続きました。年齢別の分析では年齢層が上がるにつれて「健康・体力」を理由にする人が多く、逆に「家庭の事情」は六〇代の方が多い結果でした。六〇代は親の介護に直面することが多いでしょうから、これは理解できる結果だと思います。

こうしたことからいえるのは、活動をしていない人には「意思を持ちながら活動できていない人」と「意思を持たず活動していない人」の両方がいるということです。前者の意欲を実現するためには、「家庭の事情」を解消するために、介護の社会化や労働時間の削減といった社会的アプローチによって本人の様々な「負担」を減らして時間的余裕を作り出すことが必要になるでしょう。あるいは健康・体力に不安があって外出しにくいなら、外出をサポートするための機器や人手を気兼ねなく使えるようにしていく。そうすれば社会参加する人はいまより増えるはずです。つまり集活の「その先」として社会を変えることで可能性が広がります。

好奇心もってオンラインを

ここでインターネットについて言及しておきます。身体的事情で外に出にくくても（もちろん身体的に問題がなくてもですが）、オンラインを用いることはつながるための手段になると考えます。ＳＮＳやブログで他者と交流することができます。

こう書くと「自分は高齢だから無理」とか「デジタルは難しそう」「詐欺が心配」などと端から尻込みしたり、食わず嫌いで批判したりする人がいます。でも、まずは試してみてほしいのです。生活を充実したものにするには、好奇心こそが大切です。試してみて

「自分には合わない」「どうしても無理」なら、やめればいいだけです。もしも子どもや孫に使い方を教えてもらえるなら、コミュニケーションのきっかけになります。公民館など使い方を教えてくれる場がいまはいくらでもありますから、そこで新たなつながりが生まれるかもしれません。

「いくつになっても」という事例は枚挙にいとまがありません。たとえばＹｏｕＴｕｂｅに「八〇代元気ばあちゃんの日常」[7]という人気の動画があります。文字通り八〇代の一人暮らし女性が、キッチンや冷蔵庫をきれいに保つコツや日々のルーティン、簡単な作り置きレシピなどを紹介する動画を公開してフォロワーは一〇万人を超えています。こうした高齢者によるネットでの発信はほかにもたくさんあります。やはりＹｏｕＴｕｂｅで「Ｅａｒｔｈおばあちゃんねる」[8]を公開している八〇代女性の活動は本にもなりました[9]。

「世界最高齢のアプリ開発者」としてメディアでよく紹介される若宮正子さんは一九三五年生まれで、パソコンを始めたのは五八歳の時だそうです。ＮＨＫサイト企画の取材で若宮さんは「人生一〇〇年あればいろんな生き方を体験できると思うんです」と話しています[10]。本当にその通りだと思います。

「身体性を伴わない、同じ空間を共有しない交流なんてつながりとはいえない」と主張する人もいます。でも、ＬＩＮＥやＦａｃｅｂｏｏｋに代表される、交流相手を選んで限定できるＳＮＳなら、以前からの友人や知り合いと日常的にやり取りすることができますから、旧交を温めるのに有効です。手紙や電話でのやり取りと比較して、何か決定的に劣る点があるというのでしょうか。また、Ｘ（旧Ｔｗｉｔｔｅｒ）やＹｏｕＴｕｂｅで対象を限定せずに広く発信するなら、これまで付き合いのなかった人たちと新たに緩やかなつながりを生み出す可能性があります。

こうしたインターネットでのコミュニケーションが、オンライン上だけでなくオフライン（現実世界）でのつながりを生じ、豊かにする可能性があると明らかにした調査や、ネットリテラシーが向上することで高齢者のウェル・ビーイングが高まる可能性を示唆した研究もあります[11]。

メッセージを送り続ける

活動をしていない人には「意思を持ちながら活動できていない人」と「意思を持たず活動していない人」の両方がいるという話で、前者についてここまで言及していました。一方、「意欲がない人」は難しさがあります。言い換えると、なかなか自らつながりを求めることがない人はどうするか、です。

おそらくこの本を手に取っていらっしゃる方は、あまりこうした点では心配の要らない、社会活動に関心のある方だと思います。そうでなければ、ここまで読み進めてはいらっしゃらないでしょう。ですので、ここはご自身のためというより、他者のためにどうするかという視点でお読みいただきたいのですが、「自らつながりを求めることがない人」を無理やり家から引きずり出すというわけにはいきません。これぞという妙手や万能薬はありません。あれば私もぜひ知りたいのですが、大切なことは社会の側、地域の人たちが「あなたのことをみているよ」というメッセージを送り続けることではないでしょうか。

ある民生委員が、地域で孤立している人に対し、地域の居場所活動を案内するチラシを配り続けていました。結局、一度も参加することなくその人は亡くなってしまいましたが、そのチラシは自宅にきちんと保管してあったそうです。もしかしたら「自分のことを気にかけてくれている人がいる」と認識し、「いつかは参加を」と思っていたのかもしれません。決して見放さない、見捨てないというメッセージは不可欠だと思うのです。たとえば、そんな人の部屋の明かりが点かないとしたら、最悪の場合、相手の人は倒れているかもしれません。でも、もしかしたら単に電球が切れても交換ができないだけの状態なのかもしれません。後者なら「じゃあ、新しい電球に取り換えてあげる」という形で関わるきっかけをつくるチャンスになるかもしれません。そんな「いざ」というときにタイミングよく関われるように、なんとなくではあっても「気にかけておく」こと、メッセージをなんらかの形で送り続けておくことが大切なのではないでしょうか。

「ライフサイクル論」次世代への視点を

他者への視点が入ってきたところで、心理学者のエリク・ホーンブルガー・エリクソンが提唱した「ライフサイクル論」を紹介します。この論は、人の成長過程を「乳児期」から始まって「青年期」「成人期」「壮年期」「老年期」など八つの段階に分けて、それぞれの段階で達成すべき課題と葛藤（心理社会的危機）を示しています。それぞれの段階で葛藤を乗り越えて課題をクリアすれば「人格的活力」を得ることができるといいます。人格的活力とは「よりよく生きるための力」と言い換えてもよいでしょう。この力が得られることで次の段階へと進み、また葛藤を乗り越えて次にと、生涯を通じて人は成長することができるという考え方です。いわば生涯続くであろう、ポジティブなものとネガティブなものの拮抗状態から、いかにポジティブな力の方を得ていくかが問われるといえそうです。

この本を読まれている方の多くはおそらく「壮年期」（目安の年齢：四〇～六五歳）と「老年期」（六五歳以上）に該当する方ではないかと思います。壮年期の課題をエリクソンは「generativity」と造語しました。次世代の育成に積極的に関わること、世代継承を意識して行動することといった意味合いです。自分がこれまでに得た知識や経験を次世代に伝えていくこと、貢献していくことで、人生に生きがいを感じて生きられるようになる「世話」という活力が得られるといいます。逆に自分のことだけを考えて行動し、次世代への関心が薄ければ、人生が「停滞」してしまう。イメージ的には「頑固な中年」として周囲から厄介者扱いされてしまう感じでしょうか。

「老年期」は会社員なら定年を迎え、体力が衰え、身体にさまざまな不都合が出てきて死を意識するようになる、まさに終活世代です。人生の総括期と言い換えてもよいかもしれません。この段階の課題をエリクソンは「自我の統合」だとしています。課題をクリアできれば「英知」が得られます。人生を振り返って「よい人生だった」と確信して受け入れることができるようになることです。逆に克服すべき葛藤は「絶望」です。衰えを嘆くばかりで死に向き合おうとしなければ、穏やかな人生を送ることが難しくなるというのです。

どうでしょう？　壮年期・老年期での課題とは、次世代を思い、死に向き合う態度です。

遺贈寄付はその具体的行動として典型の一つですが、この本で主張してきた内容そのものではないでしょうか。特に老年期は「生産性がない」などとして社会的排除の対象になりがちなのが日本社会の現実です。だからこそ、集活によって他者とのつながりを豊かにすることの大切さをここまで言い続けてきましたが、それはなにも同世代の友人に限るものではありません。子どもや孫、仕事の後輩、ボランティアで関わる若い世代など次世代の人たちも当然、含みます。そうした人たちとつながり、何かを残すことを意識し、自分がいなくなった後の社会に少しでも役立てたと感じられること。それは死に向き合い「よい人生だった」と言葉にするうえで、とても大きな支えになるのではないでしょうか。

(2) 社会を変える視点

高齢者等終身サポート事業

さて、次世代のためにも、最後に「社会を変える」について触れます。先ほど、「意思を持ちながら活動できていない人」のためには社会的アプローチが必要と書いたように、社会への視点は不可欠です。ここでは事例として身元保証問題と死後事務について述べます。第二章でライフエンディングステージの制度について触れました。死後事務のことだけではなく、その前段としての老いの期間もまた、任意後見や任意契約など「誰か」が必要なのでした。でも、なかなか自分では「誰か」を見いだせないこともあるでしょう。それを社会の側が補い、支える。そのことを考える契機の一つが身元保証問題なのです。

これは、自分だけではどうにもならないことの一つです。本来的には身元保証など不要であることが望ましく、現状を是認するわけではありません。しかし、病院に入院するにも、介護施設に入るにも、あるいは賃貸物件を借りるにも、現状では身元保証人を要求されることが大半です。身元保証人がいなくても、それでもまだ病院や介護施設は対応してくれるケースがありますが、賃貸物件の場合だと高齢になればなるほど、経済的な担保や「万一」(死亡だけでなく、認知症になった場合や介護が必要な状態になったとき、あるいは周囲とトラブルを引き起こした場合)の際に対応してくれる「誰か」を求められます。だれも対応してくれなければ貸し手が対応せざるをえなくなりますし、経済的損失を被ることもありますから、良し悪しは別として貸し手側の気持ちはわからなくもありません。でも、「誰か」がいないばかりに住む場所を失ってしまうことだってあります。

以前なら家族に頼る人が多かったはずですが、「ファミレス社会」のいま、自分で「誰か」を探し出し、依頼する必要がある人が増えています。甥や姪に頼れば大丈夫だろうと考える人もいるようですが、関係性が薄いことが多いだけに、本当に引き受けてくれるかはいささか疑問です。頼りになる友人が多ければなんとかなるかもしれませんが、友人か自分のどちらが先に逝くかなんてわかりません。やはり社会的な対応が求められると思うのです。

実際にいま、それを事業として請け負うＮＰＯや会社、法律事務所などが増えてきました。それ自体は社会的対応が進んできたとして、歓迎すべきことです。こうした事業は以前は「生前契約」とか「エンディングサポート」などと呼ばれていましたが、国は二〇二四年六月から、「高齢者等終身サポート事業」と呼称しています。それまでは、身元保証と合わせて死後事務委任契約も同時に請け負う事業者が多いことから、「身元保証等高齢者サポート事業」と名付けていました。二〇二三年八月、その実態を国が初めて調査・公表しました。[12] 対象四一二事業者のうち二〇四事業者が回答しています。

それによると、事業者のほとんどが職員数二〇人以下で、五人以下が六一・一パーセントと過半数を占めています。とても小規模な事業体です。また、事業開始から一〇年以下の事業者が八三・八パーセントと圧倒的で、特に令和になってからの参入が全体の四割以上を占めていました。いかにここ最近になってから急増しているかがうかがえます。しかも契約については、八割近い事業者で契約の主な内容を示す「重要事項説明書」を作っているかが確認できず、入会金や契約金を受け取っている事業者の二一・二パーセントは、契約書に返金の規定がありませんでした。かなり危うい実態がみえてきました。

必要だが難しい事業

日本で最初にこうしたサポートの仕組みが構築されたのは一九九三年のことです[13]。まだNPO制度が始まる以前でしたから、いまはNPOになっている「りすシステム」が株式会社として始めました。実は、千葉県佐倉市にある国立歴史民俗博物館では、葬送や弔いの民俗に関係する展示コーナーでりすシステムの契約書などが展示されています。当時はライフエンディングステージをだれに頼るかが問題になると考える人はまだ多くはありませんでした。近い将来の問題がみえていなかったというか、目を逸らしていた状況だったと思います。そんな中での先駆的な取り組みで、まさに博物館入りするくらい画期的なことだったのです(別にりすシステムを持ち上げるつもりもなければ、利用をお勧めしているわけでも決してありません。単に事実を記しているだけです。念のため)。

私は、りすシステムの立ち上げ当初から見てきただけに、この事業の難しさは理解しています。契約者がいつ亡くなるかがわからない長期の契約となる可能性があります。その間も対応のためのスタッフや事務所を維持しなければなりません。できるだけ多くの人が利用できるようにと思えば利用料をむやみに高くすることはできませんから、責任や負担の割に決して儲かるものではありません。実際、りすシステムの場合だと母体となっていたお寺が初期の事業を支え、その後は利用者の中からりすシステムに遺贈する人たちが出てきてなんとか収支を合わせてきました。この事業が始まった頃、ある生命保険会社が事業に参入してあっという間に撤退した経緯もみてきました。もしも儲けを狙って業者が参入して次々と廃業する事態となれば、あるいは志こそ高くてもきちんとした態勢が取れていない事業者が信用を落とす事態を招けば、高齢利用者への影響は大きいだけに、現状は心配でなりません。

死後事務などの費用に充てるためのお金を預託金として預かる場合が多いのですが、お金を預かる主体とサポート事業を実際に行う主体が分かれていないケースも見受けられます（たとえばりすシステムの場合だと預託金は別の団体が管理し、りすシステムがきちんと契約を履行したことを確認して初めてりすシステムに対して預託金を支払う仕組みになっています）。

ここが一体だと、預り金が勝手に使われたとしても利用者側にはわからない危険がありま す。実際、二〇一六年の「日本ライフ協会破綻事件[14]」はまさにこれが原因で起きました。預託金が使い込まれて事業継続が不可能となり、利用者に大きな迷惑をかけ、社会的混乱を招いたのでした。預託金以外にも「重要事項説明書」のない事業者も心配です。また、遺贈や死因贈与契約によって、亡くなった後に財産を事業者に贈ることを利用条件として求めることは、「利用者のお金を少しでも多く残せば事業利益が増える」と利用者のためのサービス提供を手控える利益相反を招きかねません。倫理的に受け入れがたいことですが、そうした事業者も現にいました[15]。もちろん、事業者に対して「お世話になった。感謝したい」と利用者が感じて利用開始後に自発的に遺贈することは否定しません。実際そのお金を基金として、経済的に苦しい他の利用者の助けにする事業者もありますから、むしろ有効に活用してほしいとさえ思っています。

さすがに国はこの調査を受け、事業者向けガイドラインを二〇二四年六月に公表しました。契約内容の適正な説明をすることや、遺贈を契約の条件とすることを避ける、死後事務委任の履行状況を第三者が点検するようにすることなどが示されています。とても大きな一歩で、私などには「ようやくここまで来たか」という感慨もあります。でも、監督官庁も決まっておらず、ガイドラインには強制力もありません。サポート事業が社会的信用を確保し、利用者の安心を高めるためには、事業者団体の結成や、第三者による事業点検、預託金管理といった点に公的機関が関与することが必要だと私は考えます。静岡市が全国に先駆けて一定の条件を満たした事業者を「静岡市終活支援優良事業者」として認証する制度を二〇二三年に始めましたが、こうした仕組みも導入して、何かあった場合に最終的には行政など公的機関が責任をもって対応する社会体制を構築したいところです。

また、国は頼るべき身寄りが見いだせない人に向けて二〇二四年、公的支援の仕組みとして二つのモデル事業をいよいよ始めました[16]。一つは、市町村や社会福祉協議会などに相談窓口を設けて「コーディネーター」を配置するという事業です。日常の困りごとや死後の遺品整理など様々な相談に乗り、法律相談や終活支援を担う専門職、葬儀・納骨や遺品整理を委任できる業者などとつなぎ、契約手続きを支援するという内容です。これは経済力がある程度あり、情報を自身で得て判断することができる人には向いている方法でしょう。もう一つは、市町村の委託や補助を受けた社会福祉協議会などが、介護保険などの手続き代行から金銭管理、死後対応などをパッケージで提供し、国からの補助で少額でも利用できるようにすることを目指すといいます。

これは本当に画期的だと思います。ついに国レベルが動きだした意義は、強調しても強調しすぎることはないと考えます。でも、まだモデル事業です。やはり全国への普及には課題もあります。これからますます必要とする人が増えていくことは容易に予測できますから、安定的に事業を継続するにはどこに財源を求めるかの議論が必要です。私は公的資金による支援が必要だと考えます。また、事業者に頼るとすれば、やはり先の預託金の問題などをどうするかをまず整理する必要があるでしょう。

実際、東京都文京区や足立区、福岡市、高知市などの社会福祉協議会がつとに生前から死後までをパッケージで支える事業を実施していますが、現場では悩ましい問題がいくつもあります。たとえば、あくまで契約事業ですから、認知症などによって契約能力のない人を支えたくても支えられないこと。預託金を準備できない人の場合、生命保険を利用してその死亡時保険金を死後事務費用に充てたいと考えても、そもそも保険会社が法人への支払いを想定していなかったり（現状では多くの保険会社がそうです）、病気などで保険加入の審査が通らなかったりしたときは利用を諦めてもらうしかないのか。あるいは、「親族がいないこと」を条件とすることで、それが契約の足かせになることもあります。どこまでの範囲の親族の意向を確認する必要があるのか。何よりも人手がかかる事業ですから人手の確保もこれからは課題になるでしょう。先行する現場の悩みへの対応は、時には国レベルでの制度変更が必要になる場合もあります。まずは早急に課題を整理することが求められていると考えます。

自助ではどうしようもない

高齢者等終身サポート事業のことをここまで縷々述べてきたのは、現実にこうしたサポートを必要とする人が増えている中で、問題点を声としてあげていかなければ現状は改善されないし、国もよりきちんとした監督体制などを構築することはおそらくないということを述べたかったからです。当事者の声こそが大切です。なにより、事業を利用できるだけの経済力や事業者の良し悪しを判断するだけの情報取得能力がある人はまだよいと思うのですが、そうではない経済的余力のない人などはどうすればいいのでしょうか。あるいは、こうした事業者がある都会はまだしも、事業者それ自体がない多くの地方はそもそもどうすればいいのでしょうか。やはり、全国どこに暮らしていても利用できる、公的な制度や安心・安全なサービスが必要不可欠です。

老いや死は誰にも訪れるのです。自助ではいかんともしがたいことにたくさん直面します。そんな課題に直面した人たちの声が集まれば、より安心できる制度、よりよい制度を構築することが可能なはずです。もちろん、なにもこの問題だけに限ることではありません。介護保険のこと、年金のこと、成年後見制度のこと……。いつになっても問題や課題が社会から尽きることなど絶対にありえません。自分のことは大切ですが、他者を思うこともまた自分の幸せにつながるのでした。だからこそ、集活の「その先」に、こうした社会のありようにまで視野を広げてほしいと考えます。たとえ一人では微力でも、決して無力ではありません。集まればチカラになり、より多くの人が幸せに暮らせる社会へとつながるはずです。それは必ずやご自身の幸せにもつながるはずです。

（1）https://gber.jp/　二〇二四年五月一四日閲覧
（2）https://www.tokyo-np.co.jp/article/135939　二〇二四年五月一四日閲覧
（3）朝日新聞デジタル記事『「妻の出世に嫉妬」「50代の楢山節考」酒井順子さんが語る現代世相』https://digital.asahi.com/articles/ASS7S2QN1S7SULLI00PM.html?_requesturl=articles%2FASS7S2QN1S7SULLI00PM.html&pn=4　二〇二四年八月三日閲覧
（4）『「定年後」はお寺が居場所』二〇一八年、集英社新書、『寺、再起動「ゾンビ寺」からの脱出！』二〇二二年、法蔵館

(5)小谷みどり『没イチ　パートナーを亡くしてからの生き方』二〇一八年、新潮社
(6)https://www8.cao.go.jp/kourei/ishiki/r03/zentai/pdf_index.html
(7)https://www.youtube.com/channel/UCX2bSKTgV3XXdM63mxuJf8g　二〇二四年三月二三日閲覧
(8)https://www.youtube.com/channel/UCkiVwEfYLEYCcA2CF35O2jw　二〇二四年三月二三日閲覧
(9)多良美智子『八七歳、古い団地で愉しむ　ひとりの暮らし』二〇二二年、すばる舎
(10)https://www3.nhk.or.jp/news/special/news_seminar/senpai/senpai111/　二〇二四年三月二三日閲覧
(11)桂瑠以、「インターネットの使用による共生社会の形成：ＳＮＳの使用がソーシャルサポート、社会関係資本、社会的共生に及ぼす影響」二〇二一年、『川村学園女子大学研究紀要』三二（一）、四五―六〇頁ほか。
(12)https://www.soumu.go.jp/menu_news/s-news/hyouka_230807000167327.html#kekkahoukoku
(13)拙著『終活難民　あなたは誰に送ってもらえますか』（二〇二四年、平凡社新書）を参照。
(14)内閣府「公益財団法人日本ライフ協会に対する勧告について」　https://www.koeki-info.go.jp/content/280115_kankoku.pdf　二〇二四年三月二三日閲覧
(15)朝日新聞名古屋本社版　二〇二一年一月三〇日朝刊（「死後に全財産贈与」は無効　身元保証団体の契約「公序良俗に違反」　地裁支部判決）
(16)朝日新聞　二〇二四年五月七日朝刊

おわりに

「墓友」をご存じでしょうか？　「はかとも」と読みます。認定ＮＰＯ法人エンディングセンター理事長で東洋大学客員研究員・井上治代さんの造語です。

エンディングセンターは「桜葬」を企画・運営しています。桜の木を墓標として、個別区画が隣接してひとつの墓を形成する集合型の樹木葬墓です。「××家之墓」を一軒家とすれば、マンションのようなイメージでしょうか。そんな桜葬を申し込んだ人たちの中から、「いつか同じお墓に眠るのだから」と語り合いの会やサークル活動を通して生前から交流する人たちが出てきて、緩やかなつながりが生まれました。このつながりを「墓友」と呼んでいます。

料理を一緒に作ってランチ会を開いたり、読書会を開いたり、植物観察会といった外での活動もあれば、オンラインでのおしゃべり会もあり、本当に楽しそうに交流しています。時には先に逝った墓友の思い出を語り合うこともあります。

墓友の活動を知った時、最後に眠る場所という、ともすれば「つながりの終着点」とみられがちなものでさえ、つながりを生むきっかけになりうるのかと、とても印象深く受け止めました。意思さえあれば人はどんなときでも他者とつながることができるのだ、と。

本文でも触れましたが、人口流動性が低かった頃の地域共同体や血縁といった強いつながりは、否応なく個人を縛る側面があります。ですが、そうした縁がかつてほどの力を失った現代は、自らの意思で選択的に縁を結ぶことができるし、緩いつながりに留めることもできます。裏返せば、自ら動かなければ社会的孤立に陥りかねない危うさがあります。だからこそ、つながりを意識的に考える必要があります。終活という、ともすればとても個人的な営みと思われていることが、実は大きく他者に開かれる可能性、他者や社会とつながるきっかけになりうることを知っていただきたいと思い、本書を書きました。

最後に、個人的な思い出を記します。本書を理解していただく一助になるかもしれないからです。

そもそも私が終活などライフエンディングステージにかかわる事柄に関心を持ったのは一九九〇年頃でした。バブル経済はすでに弾けていましたが、まだ不動産価格の高騰は続いていました。普通のサラリーマンでは東京でマンションを買うことはなかなかできず、郊外に郊外にと開発が進んでいた時代です。霊園も同じでした。東京でいえば八王子など郊外の山が次々と開発されて霊園になっていました。新聞記者をしていた私は、軽い気持ちで「死後の住宅も手に入らない」といった記事を書こうと取材を始めました。そこで墓の「面白さ」に目覚めたのが、終活に関心を持つきっかけでした。墓を透かしてみると、家族や社会の変化が鮮明にみえたのです。

当時、墓は「跡継ぎ」である男子がいることを前提とした「家墓」が主流でした。子どもがいない、あるいは女の子しかいないといった場合、墓を買うことすら難しかったのです。イエ制度がなくなって五〇年近く、核家族が当たり前だった時代にも関わらず、です。少子化や単身世帯の増加がすでに予測されていましたから、この形態の墓が将来的に続くことは難しいだろうなと思いました。では、それに代わるものはあるのだろうか、と好奇心が刺激されて墓の取材にのめりこみました。

まさにこの頃、時代の要請に応えるように新しい墓が誕生し始めました。いまでこそ当たり前になっていますが、血縁や跡継ぎの有無を問わない永代供養墓の先駆けとなる墓が一九八九年に新潟で誕生したのです。翌年には都市型の共同墓が東京の巣鴨で運営を始め、一九九一年には「散骨」が市民団体によって実施されて大きなニュースになりました（当時、散骨は違法ではないかと思われていましたので)。家が続かないのなら家名ではないデザインにすればいいだろうと、「ありがとう」「安らぎ」などの言葉を彫ったり、故人の趣味に合わせたデザイン、たとえば将棋なら駒の形、ゴルフならボール型といった様々な意匠を凝らしたデザイン墓が生まれたりもしました。墓の変化が怒涛のように始まった時期だったのです。

こうした変化はなにも墓だけにとどまりませんでした。葬儀も変わり始めた時代でした。故人を知らない、喪主の会社関係者が数多く参列する派手な葬儀や決まりきった形の葬儀から、家族葬やワンデイ・セレモニーといった、参列者を限定したり簡略化したりした葬儀へと変化してきたのです。「故人らしさ」を重視した個性的な葬儀も増え、宗教者を呼ばないケースも増えています。

いまでいう「高齢者等終身サポート事業」が始まったのは本文にも記した通り一九九三年。脳死を人の死として認めるかどうかが国民的議論になって「臓器移植法」が成立したのは一九九七年でした。この頃には二〇〇〇年の介護保険制度開始に向けての動きが活発になっていました。終活という言葉が生まれたのは二〇〇九年でした。

そんな時代の変化を受けて、墓や葬儀から死そのもの、さらには死の前段である老齢期のことへと遡るようにして関心が広がり、ライフエンディングステージ全般を取材・研究するようになり現在に至っています。

こうした変化には良い面もありましたが、課題もありました。課題の最たるものが「つながり」の喪失だと感じたのです。関係性の希薄化、社会の個人化です。生きている人が居場所を失うのですから、死そのものも社会での居場所を失っているように感じました。それなら、だれにでも必ず訪れる、避けることができない死を起点として生き方や社会を俯瞰してみることで、あるいは死を社会の中で位置づけなおすことで、もしかしたら逆につながりを生み出すきっかけになりうるのではないかと考えるようになりました。その一つの方法として「終活を意識したら集活を」と主張するに至ったのです。

詰まるところ、最期に「ありがとう」と言い合える関係性をベースに生きられることこそが幸せというのではないか、ということです。本書がそんなことを考えていただくきっかけになるとしたら望外の喜びです。

本書は、これまでに取材させていただいた数えきれない方々のおかげで書き上げることができたことは申すまでもありません。特に、二〇一五年から立教大学大学院社会デザイン研究科で授業を担当し、受講生とのやり取りから学んだことがかなり反映されています。

本書が少々、教科書っぽい内容になっているのは、授業内容の一部がベースになっているからです。市民後見人の活動をする中でも多くの気づきがありました。被後見人はもとより、監督人の社会福祉協議会にも感謝しています。みなさん、ありがとうございます。

出版のご縁を結んでくださった本間大智さん、ありがとうございました。春秋社の豊嶋悠吾さんには、こうした場をいただけたことに深く謝意を表します。

二〇二四年　猛暑が続く東京・下町の寓居にて。

著者略歴

星野　哲（ほしの　さとし）
1962年、東京生まれ。立教大学社会デザイン研究所研究員、立教大学大学院兼任講師、ライター（元朝日新聞記者）。終活や介護・医療、身元保証問題、成年後見制度、葬儀・墓、死後事務などライフエンディングステージ分野の取材・研究を続ける。世田谷区生涯大学講師として終活と生き方を考えるクラスも担当している。著書に『遺贈寄付　最期のお金の活かし方』（幻冬舎）、『終活難民　あなたは誰に送ってもらえますか』（平凡社新書）、『「定年後」はお寺が居場所』（集英社新書）、『人生を輝かせるお金の使い方　遺贈寄付という選択』（日本法令）、『寺、再起動　「ゾンビ寺」からの脱出』（法蔵館）ほか。

迷惑かけてありがとう——終活から集活へ
二〇二四年一〇月二〇日　第一刷発行

著者　星野　哲
発行者　小林公二
発行所　株式会社　春秋社
東京都千代田区外神田二—一八—六（〒一〇一—〇〇二一）
電話〇三—三二五五—九六一一
振替〇〇一八〇—六—二四八六一
https://www.shunjusha.co.jp/
印刷所　株式会社　太平印刷社
製本所　ナショナル製本協同組合
装丁　河村　誠
定価はカバー等に表示してあります

ISBN978-4-393-33407-2